嘉兴历代藏书楼

嘉兴市文史研究馆／编
王英／撰文　管凌／篆刻

西泠印社出版社

本书编委会

顾　问：陈利众

主　任：王登峰　马玉华

编　委：周　军　闻人庆　孙瑜瑾　王　英
　　　　管　凌　叶　加　胡菁菁　潘　慧

撰　文：王　英

篆　刻：管　凌

编　辑：孙瑜瑾　胡菁菁

序 一

嘉兴,国家历史文化名城。宋代称秀州郡、嘉禾郡、秀州府、嘉兴府,元代称嘉兴路,明清复称嘉兴府。7000年前,这片土地上的先民就创造了灿烂的马家浜文化。先秦时期吴越在此争雄,两汉至三国时期这里就成了"数郡忘饥"的"嘉禾之区"。隋开运河,嘉兴成为南北交通要冲,经唐五代时期的经营与开发,商贸远通外洋。宋都南迁后,嘉兴的社会、经济、政治、文化均迅速发展,史称"畿辅之区""龙兴之地""文化之邦",也逐渐形成了"慕文儒,不忧冻馁""好读书,虽三家之村必储经籍"的良好民风。

嘉兴私家藏书的传统起源于宋代。自宋至民国时期,私家藏书代有传承,可谓藏家众,名楼多,享誉华夏。据吴晗《江浙藏书家史略》记载,浙江历代的藏书家有399家,其中杭县105家(包括嘉兴),海宁38家,鄞县、绍兴各27家,吴兴27家,海盐20家。嘉兴的藏书楼成为重要的地域文化标识,留存至今的更成了一方文物瑰宝。

目前所知,史料上有关嘉兴藏书最早的记载,应是北宋熙宁年间(公元1068—1077年),海盐的卫公佐,据说藏书达数千卷。而真正有命名的藏书楼,应是南宋岳飞之孙岳珂在嘉兴金陀坊所建的相台书塾、隐居海盐秦溪的许棐所建之梅屋,元代马端筑于海宁黄湾的看山楼、张纮筑于平湖当湖南村的南村书堆。

至明代,嘉兴区域的私人藏书氛围更浓,尤以嘉兴、海盐最多,海宁、平湖次之。著名的如项元汴之天籁阁,其藏书堪与宁波范钦之天一阁媲美,品质更精。项笃寿的万卷楼,除藏书外也刻印书籍,所刻之书质量甚高,后来被藏书家叶德辉列为"明人刻书之精品"。而高承埏的稽古堂,海盐胡彭述、胡震亨父子的好古堂,平湖冯洪业的耘庐,海宁祝以豳的万古楼,桐乡王济的横山堂,嘉善周鼎的桐村书屋也都是名闻遐迩。胡震亨不仅擅藏书,还辑成《唐音统籤》(1033卷)。冯洪业曾集古今文献,分类辑《耘庐汇笺》,计千余卷,是嘉兴最大的文献编著者。祝以豳不仅藏书上万卷,亦好刻书,因刊刻精良,争购者众,名震一时。王济善词喜传奇,他撰写的传奇《连环记》至今还在昆曲舞台上上演。

清代,嘉兴的私家藏书进入鼎盛时期。孙从添在《藏书纪要》中说:"大抵收藏书籍之家,惟吴中苏郡、虞山、昆山,浙中嘉(即嘉兴)、湖、杭、宁、绍最多。"《中国藏书家考略》一书中所收录的历代480余名藏书家中,仅清代嘉兴藏书家就有62人。主要藏书名楼有嘉兴曹溶的静惕堂、朱彝尊的曝书亭、海宁查慎行的得树楼、桐乡汪森的裘杼楼、平湖陆陇其的三鱼堂、桐乡金檀的文瑞楼等等。清中期,嘉兴藏书以海宁为最盛,有马思赞的道古楼、吴骞的拜经楼、陈鱣的向山阁,海盐则有张宗松的涉园,桐乡有鲍廷博的知不足斋,平湖有钱天树的味梦轩。民国时期,全国私家藏书呈呈衰落趋势,但嘉兴区域依然保持和发展了一批私人藏书家和卓有影响的藏书楼,如海宁蒋光焴和他的衍芬草堂,嘉兴沈曾植和他的海日楼,平湖葛嗣浵和他的传朴堂,海盐张元济和他的涵芬楼等。

通常私家藏书,如天一阁等是不对外开放,也不出借藏书的,但有开明的藏书家,把所藏书籍供乡邦学子翻阅。比如曹溶,他撰写《流通古书约》,提出"不因珍秘而与世隔绝",倡导图书相互交流。张元济的涵芬楼,葛嗣浵的传朴堂,更是对外开放,供需要者阅读。这一举措,使藏书楼的格局由面向家族而惠及更多的学子,藏书楼的藏书也因此焕发出新的价值。

藏书楼虽然鼎盛,但敌不过战乱兵燹,咸丰十年(1860)太平军攻入嘉兴,嘉兴的藏书楼被焚毁不少。如计光炘的泽存楼、蒋光煦的别下斋、张宗松的涉园均未能幸免于难。抗日战争时期,张廷济的八砖精舍亦毁于日本侵略者的炮火。尽管如此,嘉兴的藏书家仍千方百计、历尽艰辛地保护藏书,少部分藏书楼和藏书得以幸存,并由藏书家本人或者其子嗣捐献给新中国的各大图书馆。

1904年,嘉兴出现了我国最早的近代公共图书馆——嘉郡图书馆,到后来海宁州图书馆,率先实现了我国古代藏书楼至近代图书馆的过渡,成为我国近代图书馆的重要发祥地之一。

本书在参考了杨立诚、金步瀛的《中国藏书家考略》,《嘉兴市志》,《嘉兴市志》,吴晗《江浙藏书家史略》、顾志兴《浙江藏书史》、陈心蓉《嘉兴藏书史》等著作的基础上,因嘉兴宋代前藏书记载阙如,即就嘉兴起源宋代的藏书楼(史)做了梳理,以时代为主线,上溯两宋,下迄民国,兼涉新中国,对嘉兴全市域的藏书楼发展脉络、藏书家家世、藏书来源和特点、刻藏著互动、著述成果等情况做了初步的探讨与概述。为尽可能地将嘉兴籍名士的藏书楼辑入,本书还收入了《嘉兴藏书史》(国家图书馆出版社2010年5月版)嘉兴籍名士建于上海、杭州、南京、苏州等地的藏书楼,并以篆书与文、图并举的方式加以汇编与整理,不揣浅陋,以引起有志于篆刻艺术和藏书楼(史)研究的学者、爱好者的批评和指正。

编委会

2023年8月22日

序 二

李 早

嘉兴素为富庶之地，鱼米之乡，商贾繁荣，文化昌盛。自两汉至三国即成江南名邑，而宋都南迁，更是慕文儒而好读书，由此，藏书名家辈出，藏书名楼林立，储经籍，刊图典，广传抄，代有薪承，惠及一方学子。

近日，管凌君言及，去岁被嘉兴市人民政府聘为嘉兴市文史研究馆馆员，其壬辰至甲午及辛丑至壬寅前后十余年间，所作嘉兴历代藏书楼之名号印计一百六十五方，将由嘉兴市文史馆结集付梓，并有文史专家配以文字绍介与照片图版，嘱予作文为序，予未能不应也，故缀芜文数句，聊以塞责。

读管凌君此次印稿，察其风格多种，既见汉印之浑穆，又见玉印之爽朗，更见圆珠印之劲挺，亦偶见古玺之朴茂，然最多见的是烂漫天真古旧醇厚之鸟虫篆印。忆及十多年前，予偶至海盐，其时管凌正公干于南北湖景区筹备某艺术馆，闲谈间提及近日将有湖州朋友陪同吴子健先生到海盐，嘱其导览接待。予当即表示，子健先生为当今鸟虫篆大家，作品气息高古，格调典雅，意趣醇朴，当趁此机会结识，并于今后时时求教于他。此情此景犹如昨日，倏忽已十二年矣。自此管凌君印风一变，创作从汉印、古玺一路转为以鸟虫篆居多。其间予亦谓之，当代鸟虫篆印大致可分两类：一是以整饬、秀丽、茂密为审美取向的两汉风格；二是以灵动、揖让、虚实变化为旨趣的厚古而意新的风格。潘天寿先生有云："艺术之高下，终在境界。境界层上，一步一重天，虽咫尺之隔，往往辛苦一世，未必梦见。"盖境界之高下，一半在天赋，一半在自修。近见有作鸟虫印者，图案化倾向日重，印风不古，似有习气、俗气、匠气之嫌。此类结症一旦染身，亦可谓召之即来，挥之不去也。今观《嘉兴历代藏书楼》印稿，管凌君所作当是上一类风格，激情充沛，真气饱满，时见空灵恬淡、清雅峭拔之气局。

辛巳春，管凌君有《管琳篆刻作品选》出版，予曾在敝序中引孔子言："敏于事而慎于言，就有道而正焉，可谓好学也已。"以此形容管凌君日常之言行。时过二十余年，其仍是如此，慎言而敏事，秀外慧中，素心依旧。

君子之交四十年，今管凌君亦已逾花甲，因了长相年轻，视之若五十左右的中年，冀其登陟之心，犹坚执不已。予今年届古稀，尚能饭也，愿与君携手同行。

匋盧　癸卯季春
（作者系西泠印社理事、湖上印社社长、浙江省文史研究馆馆员）

目 录

南湖、秀洲篇

01 相台书塾	002	22 烟霞万古楼	032
02 南湖草堂	004	23 磨兜坚室	033
03 栎 斋	005	24 三斗铒斋	034
04 众山响斋	006	25 五千卷室	035
05 万卷楼	007	26 八砖精舍	036
06 天籁阁	008	27 三余堂	038
07 存石草堂	011	28 石经阁	039
08 硕宽堂	012	29 映雪楼	040
09 快雪堂	013	30 飓山楼	041
10 六研斋与写山楼	015	31 信芳阁	042
11 凝霞阁	017	32 冷 斋	043
12 舞蛟轩	018	33 十经斋	045
13 稽古堂	019	34 耆英堂	046
14 静惕堂	020	35 银藤花馆	047
15 惠香阁	022	36 泽存楼	048
16 曝书亭	024	37 开有益斋	050
17 承雅堂	027	38 安雅楼	051
18 观妙斋	028	39 寒松阁	053
19 惜芬书屋	029	40 兰味轩	054
20 砚山堂	030	41 海日楼	055
21 书隐阁	031	42 省心斋	057

嘉善篇

01 梅花庵 …………………………060
02 桐村书屋 ………………………062
03 丹丘书屋 ………………………063
04 山晓阁 …………………………064
05 杉泉书屋 ………………………065
06 幻不壬屋 ………………………066
07 安雅堂与望云楼 ………………067
08 淞笠斋 …………………………069
09 灵芬馆 …………………………070
10 有真益堂 ………………………071
11 心香阁 …………………………072
12 瓶庐与茹古楼 …………………073
13 信美堂 …………………………075
14 惜阴书屋 ………………………076
15 听涛轩 …………………………077
16 奎公楼 …………………………078
17 舍北草堂 ………………………080

平湖篇

01 南村书堆 ………………………082
02 直方堂 …………………………083
03 得月楼 …………………………084

04 耘 庐 …………………………085
05 贲趾山房 ………………………086
06 放鹇亭 …………………………087
07 三鱼堂 …………………………088
08 春雨楼 …………………………089
09 简香斋 …………………………090
10 金薤山房 ………………………091
11 味梦轩与小重山馆 ……………092
12 小云庐 …………………………094
13 漱芳阁 …………………………096
14 望云楼 …………………………097
15 宝文斋 …………………………098
16 传朴堂、冷碧轩与爱日吟庐 …099
17 双皕楼 …………………………101
18 雪映庐 …………………………103
19 求是斋 …………………………104
20 霜红簃 …………………………106

海盐篇

01 梅 屋 …………………………108
02 彝 斋 …………………………110
03 明德堂 …………………………112

04 百可园、凝云楼与独寤园 ………114	08 拜经楼 ……………………153
05 希贵堂 ……………………116	09 待清书屋 …………………155
06 好古堂 ……………………117	10 向山阁 ……………………157
07 涉　园 ……………………119	11 别下斋 ……………………159
08 冰玉堂 ……………………122	12 衍芬草堂与西涧草堂 ………160
09 醉经楼 ……………………124	13 讽字室 ……………………163
10 倚晴楼 ……………………125	14 朝经暮史书昼子夜集楼 ……164
11 补萝书屋与铁村草堂 ………126	15 自怡斋 ……………………166
12 樊桐山房 …………………128	16 紫来阁 ……………………167
13 汉唐斋 ……………………129	17 小清仪阁 …………………168
14 竹隐庐 ……………………131	18 观　堂 ……………………169
15 涵芬楼 ……………………133	19 铁如意馆 …………………171
16 安乐康平室 ………………136	
17 郦　亭 ……………………138	**桐乡篇**
18 桂影轩 ……………………140	01 横山堂 ……………………174
	02 浣雪居 ……………………175
海宁篇	03 天盖楼与吾研斋 …………176
01 看山楼 ……………………142	04 裘杼楼、拥书楼与桐石斋 …179
02 赐绯堂 ……………………143	05 可仪堂 ……………………182
03 万古楼 ……………………145	06 锄经堂 ……………………184
04 蜜香楼 ……………………146	07 知不足斋 …………………186
05 香梦楼 ……………………148	08 南泉书屋 …………………188
06 敬修堂 ……………………149	09 大西山房 …………………189
07 得树楼、查浦书屋与双遂堂 …150	10 枝荫阁 ……………………190

11 德聚堂、踵息斋与贮云居 …… 191	灵芬馆 …… 207
12 文瑞楼、桐华馆与壹是堂 …… 193	凝云楼 …… 208
13 读画斋 …… 195	曝书亭 …… 209
14 思茗斋 …… 196	三鱼堂 …… 210
15 风月庐 …… 197	听涛轩 …… 211

部分楼名篆刻作品欣赏

朝经暮史书尺子夜集楼 …… 201	万古楼 …… 212
传朴堂 …… 202	舞蛟轩 …… 213
待清书屋 …… 203	彝　斋 …… 214
横山堂 …… 204	倚晴楼 …… 215
稽古堂 …… 205	主要参考资料 …… 216
看山楼 …… 206	跋 …… 218
	后　记 …… 219

南湖、秀洲篇

01 相台书塾

相台书塾为宋代文学家岳珂的藏书处，建于金陀坊（今嘉兴市安乐路杨柳湾附近）。

岳珂(1183—1243)，字肃之，号亦斋、倦翁、棠湖翁、东几。进士。邺侯，权户部尚书。抗金名将岳飞之孙，岳霖次子。祖籍河南汤阴。宋宁宗时，以奉议郎权发遣嘉兴军府兼管内劝农事，自此居嘉兴。嘉定十年(1217)出任嘉兴知府。尤喜读书、藏书。为官之余，致力于典籍和古物收藏，曾到中原各地收集北宋文物典章，尤其是北宋历代皇帝大臣的御笔和翰墨，编为《宝真斋法书赞》二十八卷。家富藏书，在金陀坊建藏书处"相台书塾"，藏书、著述。

岳珂不仅藏书还刻书，在浙江藏书史与出版史上有着重要的地位。所刻之书尤为著名。清藏书家钱泰吉《曝书杂记》云："宋岳倦翁刊'九经''三传'，以家塾所藏诸刻，并兴国于氏、建[安]余仁仲本，凡二十本。又以越中旧本注疏、建本有音释注疏、蜀注疏合二十三本，专属本经名士，反复参订，始命良工入梓。其所撰《相台书塾刊正九经三传沿革例》，于书本、字画、注文、音释、句读、脱简、考异，皆罗列条目，可见其详审矣。"[1] 其家所藏之本，仅"九经"而言，就有建本、江西本、越本、蜀本等各种不同版本。姚名达说："校勘学、版本学、刊刻学之确立，皆自兹始也。"清版本家叶德辉言："宋时家塾刻本，其名姓亦甚繁多。今所最著如岳珂之相台家塾刻

相台书塾

边款：相台书塾为宋代文学家岳珂藏书处。壬寅，管凌。

---

[1] (清)钱泰吉《曝书杂记》，《国家图书馆藏古籍题跋丛刊》第10册，北京图书馆出版社，2002年。

'九经''三传',廖莹中之世彩堂刻'五经',韩、柳集,皆至今为人传诵。"

岳珂著述甚富。因痛恨秦桧陷害祖父,撰有《吁天辨诬》《天定录》等书,结集为《金佗粹编》二十八卷,《续编》三十卷,为岳飞辩冤。所作《鹤林寺》诗云:"秋枕竹鸣屋,昼棋松掩关。雨晴犹湿径,云薄不藏山。未洗中原恨,谁消永日闲。西风动征隙,空愧鬓毛斑。"抒发无法收复中原失地而已年衰,愧对先人的感慨。他还著有《桯史》十五卷、《玉楮集》八卷、《三恬堂丛书》、《棠湖诗稿》、《愧郯录》十五卷等。

南宋宝庆年间,岳珂在金陀坊宅内建造岳祠家庙,铸铜爵祭祀祖父并修订《岳氏宗谱》。明万历年间,岳飞十八世孙岳元声、岳和声、岳骏声三兄弟均中进士,为了感恩祖先庇佑,将金陀坊家祠迁到三塔塘(今嘉兴市三塔路)并扩建,祠堂内供奉有岳王铜像、岳氏铜爵。现岳王祠是在原址东约100米处重建的,于2013年正式对外开放。岳珂的遗物"洗鹤石池",现置于南湖烟雨楼。岳氏后裔散居在今嘉兴秀洲区洪合镇建北村旧岳头及桐乡濮院镇等地。

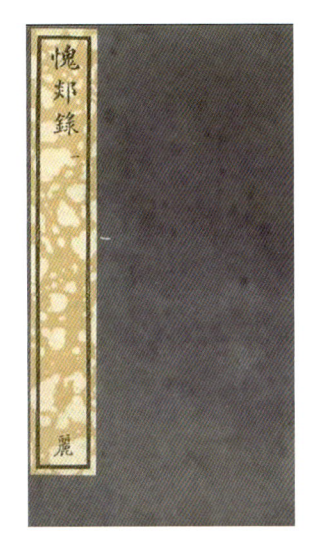

《愧郯录》书影

岳庙铜爵拓本(嘉兴博物馆提供)

02 南湖草堂

南湖草堂为南宋藏书家闻人滋的藏书处,建于南湖边。

闻人滋(生卒年不详),字茂德,以字行,嘉兴人。藏书家。隆兴初进士。历官德兴丞、进贤令。曾与陆游同在敕局为书籍、文书删定官。喜谈论经义,精于小学,人称"老儒"。留有诗篇《早秋游灵岩》:"凭栏山翠湿蒙蒙,佛阁依然水殿风。欲采莲花何处所,年年金井落梧桐。"著有《南湖草堂记》。

平生喜藏书,藏书颇多,并乐于借人。筑草堂于南湖居之,称"南湖草堂"。陆游在《老学庵笔记》中云:"嘉兴人闻人茂德,名滋,老儒也。喜留客食,然不过蔬豆而已。郡人求馆客者,多就谋之。又多蓄书,喜借人。自言作门客牙,充书籍行,开豆腐羹店。"施晋锡《鸳鸯湖棹歌》:"草堂湖上草萋菲,屐齿斑斑客款扉。几载令丞从事去,贮书满屋蠹鱼肥。"叶昌炽《藏书纪事诗》卷一咏闻人滋藏书则曰:"门客牙兼书籍行,客来豆腐作羹汤。如翁好事我何虑,日日南湖叩草堂。"

南湖草堂

边款:南湖草堂为南宋藏书家闻人滋藏书处。壬寅,管凌。

03 栎斋

栎斋为南宋藏书家卫湜的藏书处。

卫湜(生卒年不详),昆山石浦人。字正叔,号栎斋。卫泾四弟。庆元年间(1195—1200)锁厅进士。官于两浙转运司。集诸家传注,辑为《礼记集说》一百六十卷奏上,擢直秘阁。嘉熙四年(1240)知严州,后迁朝散大夫,直宝谟阁学士,知袁州。一生清正淡泊,学术严谨,酷嗜典籍,好古博学,精于礼学,建藏书楼曰"栎斋",以藏书为乐趣,学者称"栎斋先生"。

《礼记集说》采用一百四十四家疏释宏通之论,均注明其姓氏,并在《后序》中云:"他人著书,惟恐不出于己。予之此编,惟恐不出于人。"《礼记集说》中附有《统说》,采辑孔颖达、"二程"、张载、朱熹等人对《礼记》一书的总体论述。还附有《集说名氏》,列历代尤其是宋代治《礼记》者名录。《四库全书总目提要》称赞说:"非惟其书可贵,其用心之厚,亦非诸家所及矣。"后人仿卫湜《礼记集说》体例,辑《续礼记集说》百卷,使宋、元、明至清初遗佚之书,多赖以存。

另著有《文章奏议》五十卷等。

栎斋

边款:卫湜字正叔,嘉兴人。南宋学者,藏书家。酷嗜典籍,好古博学,建藏书楼为栎斋。壬寅春月,仿长屋师,管凌刻。

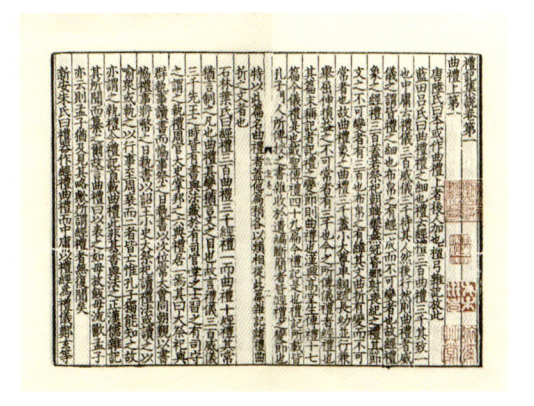

《礼记集说》书影

04 众山响斋

众山响斋为明代藏书家项元淇的藏书处。

众山响斋、万卷楼与天籁阁分别为明代藏书家项元淇、项笃寿、项元汴兄弟的藏书处,三兄弟以项氏"藏书三昆仑"名于世。

项元淇(1500—1572),字子瞻,号少岳。学者、书画家。嘉兴人。南京太学生,谒选得上林录事,后以赀为光禄寺署丞。善于鉴赏,于画无所不窥。善书,工诗、古文。

项元淇在三兄弟中排行老大,对弟项元汴十分友善。据记载,项元淇将自己之财产让给项元汴,使得项元汴在收藏书画名迹上拥有越加雄厚的资金。

项元淇在诗词书事方面颇有成就。万历《嘉兴府志》称其"工诗词,尤好临摹古法,书善草圣。每游戏翰墨,尺幅数行,人竞宝之"。由于其作书法甚少,流落民间遂被人视作珍宝,其有三封信札被作为书法作品收入《式古堂书画汇考》,并分别编目为《少岳山人与二上人札》《项子瞻惠泉札》《项少岳与定湖札》。著有《少岳集》。

有藏书印"众山响"等。

众山响斋

边款:众山响斋。管凌。

(明)项元淇行书七律扇面
(现藏于重庆中国三峡博物馆)

05 万卷楼

万卷楼是项元淇的弟弟、项元汴的兄长项笃寿的藏书处。

项笃寿(1521—1586),字子长,号少溪,别署桃花村里人家。嘉靖四十一年(1562)进士,授刑部主事,仕终广东参议。与长兄项元淇一样,酷爱聚书。每见秘籍,便雇请抄手过录,筑"万卷楼"藏书。

项笃寿在外做官,收藏书画有不及项元汴之处,但心胸却高于项元汴。据传,项元汴每购得价格略高于其值的书画后,会懊悔不已。项笃寿得知,便亲自上门,询问其是否购得好书画,当元汴取出低于收购值的书画时,项笃寿总是叫好,并按项元汴的收购价购走。叶昌炽《藏书纪事诗》咏云:"仰屋微闻嚘唔声,千金享帚太痴生。铭心绝品原无价,出纳何妨让阿兄。"

项笃寿藏书之名望虽略逊于项元汴,然其刻书之名却远在弟弟之上,是明代著名出版家。项笃寿的"万卷楼"与其子项德棻(梦原)的"宛委堂"刻书在明代享有盛名,不仅数量多,质量也高,且多为精品,如项笃寿辑《全史论赞》八十卷、《国朝列卿年表》一百三十九卷、《东观余论》三卷等。《中国藏书家考略》称:"子长覆刻宋嘉定本《东观余论》,极精,季沧苇误认为宋本。"

另著有《今献备遗》等。有藏书印"浙西世家""少溪主人""万卷楼藏书记"等。

万卷楼

边款:万卷楼为明代藏书家项笃寿藏书之处。壬寅春,管凌作。

(明)项笃寿校刻《郑端简公奏议》书影

《河东先生集》书影,左下角有项笃寿印章

06 天籁阁

天籁阁

边款：项元汴，字子京，号墨林山人。明代大藏家。天籁阁为藏书藏画之处。辛丑夏，管凌作。

宝墨斋

边款：宝墨斋。壬寅秋月，海盐管凌作。

天籁阁为明代藏书家项元汴的藏书处，建于瓶山（今嘉兴市中山路瓶山西侧至汤家弄东之间）。

项元汴（1525—1590），项元淇、项笃寿之弟。字子京，号墨林山人，又号香岩居士、退密斋主人等。藏书大家，建天籁阁藏图书、法书、名画及鼎彝玉石等。光绪《嘉兴府志》载："天籁阁，项元汴藏图书之所，在城内灵光坊（伊志）。元汴号墨林山人，尝得铁琴一，上有'天籁'字，下有孙登姓氏，因以名其阁（吴志）。"天籁阁旧址自南宋绍定年间由翰林学士项相建孝友堂，遂成项氏祖居之地。

项元汴爱书如命，时宋版书稀少，但只要听说有人愿意出售，便不惜重金购置。清钱曾《读书敏求记》载："我闻墨林项氏，每遇宋刻，即邀文氏二承鉴别之，故藏书皆精妙绝伦。"叶昌炽《藏书纪事诗》卷三咏天籁阁称"海内珍异十九多归之"。项元汴亦重稿本收藏，天籁阁曾收藏的著名稿本有宋司马光手书《资治通鉴》残稿、明抄本《增修复古编》二卷。《天禄琳琅书目》及续编记载的两百多种明以前的旷世珍籍中，钤有项元汴鉴藏印的图书就达三十七种。胡应麟《少室山房笔丛·经籍会通》称，其时文坛巨匠、藏书家王世贞，其小酉馆藏书三万，尔雅楼藏宋版书闻名天下，但与项元汴相比，时人以为"不及墨林远矣"。

项元汴所藏金石碑拓、尺牍、墨砚、书画等无数，包括顾恺之《女史箴图》、韩滉《五牛图》、韩干《照夜白图》、赵孟頫《鹊华秋色图》《二羊图》、李唐《采薇图》、钱选《浮玉山居图》、王羲之《行楷书千字文》、米芾《清和帖》、怀素《苦笋帖》等，令人叹为观止。天籁阁的全部藏书、藏画在清顺治二年（1645）清兵攻入嘉兴时被抢掠，不少珍品流入清廷内府和著名藏家手中得以保存。项元汴生前没有留下天籁阁藏品目录，身后文物星散，也无人能说出其全部珍藏的名目、数量与价值。有藏书印"天籁阁""天籁阁墨林""子京父印""项子京家珍藏"等四十多方。

项氏藏书延绵数代。项笃寿之子项德

（明）马图《项子京像》

棻，官至刑部郎中，亦是藏书大家，藏书楼名为"宛委堂"；孙子项鼎铉也喜藏书，藏书处名为"易学堂"；从孙项禹揆藏书处名为"海野堂"。项元汴一门四代藏书，载入史册的有八人。其中项元汴三子项德新有藏书楼"香雪斋""读书堂"，孙子项奎有藏书处"晚盟堂"，后代项靖有藏书处"宝墨斋"。在明代浙江私人藏书家中，嘉兴项氏与宁波范氏堪称两大家。

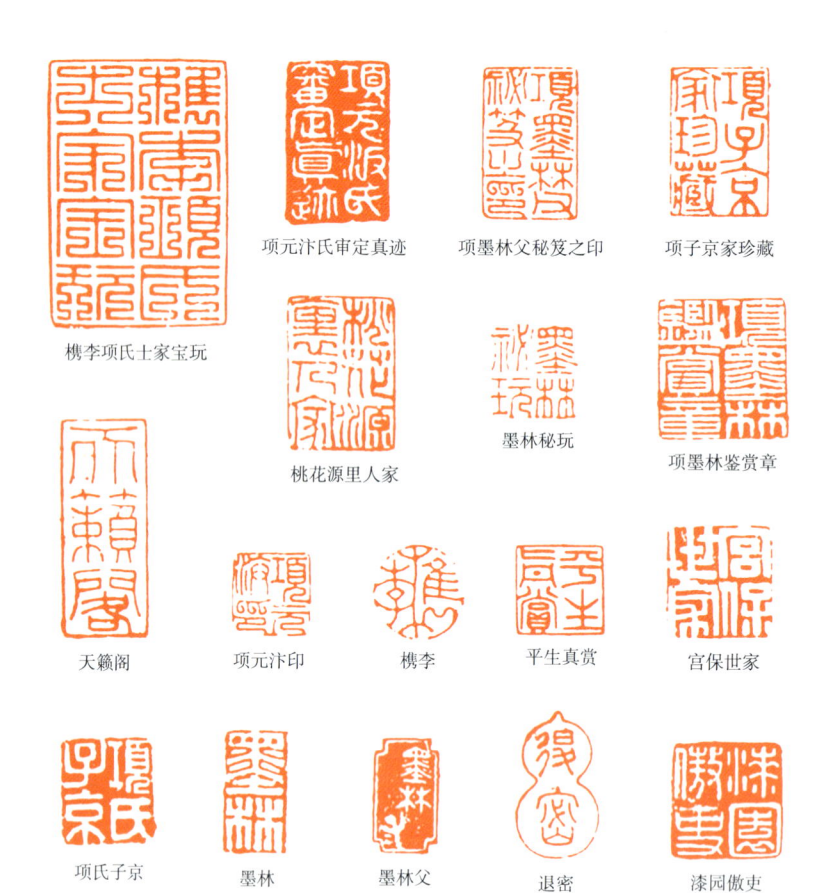

槜李项氏士家宝玩	项元汴氏审定真迹	项墨林父秘笈之印	项子京家珍藏
天籁阁	桃花源里人家	墨林秘玩	项墨林鉴赏章
项氏子京	项元汴印 / 墨林	槜李 / 墨林父	平生真赏 / 退密	宫保世家 / 漆园傲吏

项元汴藏印选

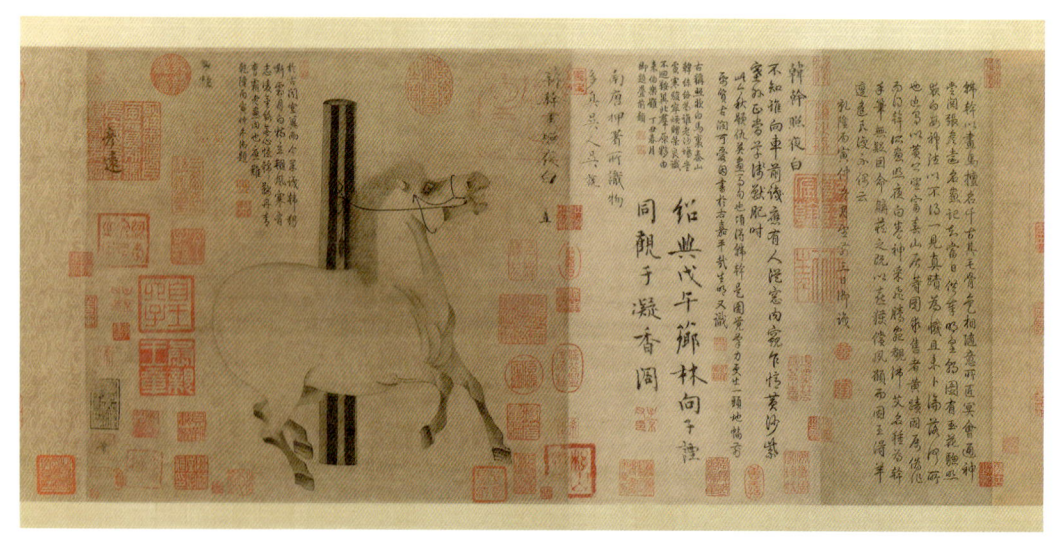

《照夜白图》，唐代韩干绘，项元汴旧藏（现藏于美国纽约大都会艺术博物馆）

07 存石草堂

存石草堂为明代藏书家沈启源的藏书处,建于秀水之长溪(今嘉兴市秀洲区王江泾镇南汇集镇)。

沈启源(1526—1591),原名启原,字道初、道卿,号霓川,嘉兴人。嘉靖三十八年(1559)进士,仕至陕西、山东按察副使。父沈谧(1501—1553),字靖夫,号石云。嘉靖八年(1529)进士,官至按察佥事。子沈自邠,万历五年(1577)进士,改庶吉士,授翰林院检讨,参与纂修《大明会典》。沈氏祖籍位于河南开封,宋时来到会稽,后长居秀水之长溪。一门三进士,长溪沈氏家族成员不仅文采风流,更是藏书家辈出,绵延五代之久。

沈谧喜藏书,曾建藏书楼"万书楼"。沈启源继承家学,好聚书,博通诸学,医药、卜筮,无不探讨,时称"博物君子"。初建"芳润楼"藏书。明窗净几,每日手执一编,或诵,或校,或抄,至夜不休。后筑藏书处"存石草堂"。编有《存石草堂书目》十卷,对其藏书加以整理。此外,他还著有《巢云馆诗纪》《鹦园草》等。他的好友明代大学者焦竑曾说:"藏书两楼,五楹俱满。"所谓藏书之人必是爱书之人,陆可教也曾说他嗜好坟籍,只要是古法书名画及先代金石之遗,不惜花重金购置。但令人遗憾的是,万历十五年(1587),邻里大火殃及其家,所藏古籍书画均毁于一旦。

有藏书印"长溪沈氏图书之章"等。

存石草堂

边款:存石草堂。壬寅,管凌。

08 硕宽堂

硕宽堂为明代学者黄洪宪的藏书处。

黄洪宪（1541—1600），字懋中，号葵阳，别署碧山居士，秀水人。隆庆五年（1571）进士，庶吉士，官至翰林院事，兼侍读学士。曾奉命出使朝鲜，功勋卓著，朝鲜为其立金却亭。归国时，行装唯图书数卷。张居正二子相继会试中式，史孟麟弹劾少詹事黄洪宪监试舞弊。及张居正败，乃辞归故里，以读书、藏书、著述为乐。筑藏书处"硕宽堂"。

黄洪宪藏书甚富，所编《稗统》收书约一千种，续编约五百种，后皆散佚。著有《朝鲜国记》一卷，《玉堂日钞》三卷，《碧山学士集》二十一卷、《别集》四卷，《周易集说》四卷，《春秋左传释附》二十七卷，《资治历朝纪政纲目》七十四卷，《性理要删》六卷，《輶轩录》四卷，《离骚解》等十五种。纂修万历《嘉兴府志遗稿》、《秀水县志》等。

父黄㻞，字崇文，号邃泉，秀水人。嘉靖三十五年（1556）进士，历官兵部主事、郎中，直隶安庆府知府，官至湖广按察副使，后改贵州。乞归后，以读书藏书为乐。长子黄承玄（1564—1614），字履常。万历十四年（1586）进士，官至福建巡抚。承其父志，喜藏书、著述。次子黄承昊（1576—约1645），字履素，号闇斋，自号乐白道人。万历四十四年（1616）进士，官至福建海防按察司副使，后调任广东按察使。亦承父志，喜藏书、著述。秀水黄氏一门"三世六进士"，代代藏书。

硕宽堂

边款：黄洪宪，字懋中，号葵阳，别署碧山居士，秀水人。明官员、学者。硕宽堂为藏书处。壬寅冬月，管凌作。

快雪堂

快雪堂为明代学者冯梦祯的藏书楼。冯梦祯(1548—1595),字开之,号具区,又号景纯,别署真实居士,嘉兴人,居春波里。学者、收藏家,著名高僧紫柏大师的"幅巾弟子"。明万历五年(1577)进士,官翰林院编修、迁国子监祭酒。因伤于流言蜚语,辞官归里,万历年间自刻撰本《快雪堂》六十四卷,晚年移居钱塘(今杭州),快雪堂随主人迁移至西湖畔孤山小筑。

冯梦祯好藏书,尤以名画、书帖为多,但书籍不加校勘。因得"书圣"王羲之《快雪时晴帖》真迹,筑藏书处"快雪堂",又名"映雪堂""真实斋"。其所藏最著名的为宋赵明诚《金石录》(残本)十卷、绘画史上公认的最有可能是王维真迹的《江山雪霁图》。

冯梦祯好著述,他的诗文充分展现晚明文人的丰富生活和内心世界,朱彝尊《静志居诗话》评价:冯梦祯"为诗文疏朗通脱,不以刻缕求工"。著有《快雪堂集》六十四卷、《快雪堂漫录》一卷、《历代贡举志》《窦生传》等。

冯梦祯亦喜刻书,主刻的南监本(南京国子监刻印的书)在收藏界颇为知名。万历年间自刻撰本《快雪堂》六十四卷、《大唐新语》(一名《大唐世说新语》)十三卷、《由拳集》二十三卷。他还参与了《嘉兴藏》的刊刻。有藏书印"冯氏开之""冯氏图书""冯氏快雪堂藏书记""孤山草堂""金石录十卷人家"等。

快雪堂

边款:冯梦祯,字开之,号景纯,别署真实居士,秀水人。明学者。好藏书,尤以名画书帖。因得"书圣"王羲之《快雪时晴帖》真迹,筑藏书楼曰快雪堂。壬寅十月初九,管凌于海盐望海楼。

(晋)王羲之《快雪时晴帖》(局部,现藏于台北"故宫博物院")

10 六研斋与写山楼

六研斋

边款：六研斋。壬寅夏，管凌作。

写山楼

边款：写山楼为李肇亨藏书处。壬寅，管凌。

六研斋与写山楼分别为明代学者李日华、李肇亨父子的藏书处，建于春波门外（今嘉兴市解放路附近）。

李日华（1565—1635），字君实，号九疑、竹嬾，别署浣俗主人、松雨斋主人，嘉兴人。学者、书画家。万历二十年（1592）进士，官至太仆寺少卿。后辞官归家，奉养父母。喜藏书，于书无所不读，以藏书、书法、绘画闻名于世。筑藏书处曰"六研斋""鹤梦轩""恬致堂"。六研斋因藏名砚六方而得名。清叶昌炽《藏书纪事诗》云："陆元厚，明万历时

南湖、秀洲篇

人。为童子师,喜蓄异书,学奉多为书尽,藏有《周礼》《国策》《离骚》《拾遗记》等书,皆精本,后归李日华。"

李日华工于诗,妙于书,又擅长山水、墨竹,亦善鉴别,世称"博物君子"。明代士大夫好古博物,以董其昌、王惟俭最负盛名。李日华画亚于董,博则亚于王,兼两者之长。

李日华与项元汴一家三代交往密切。项元汴孙子项圣谟承祖父遗风,从事书画鉴赏活动,曾请李日华画扇面,后持此扇去请董其昌题跋。董其昌对李日华画的扇面给予了高度评价,并将李日华视为知己,成为书画史上的一段佳话。李日华《味水轩日记》中有这样一段记载:"(万历四十年壬子岁春王正月)八日,小霁。项于蕃来,出余旧所图扇,已为董思白题云:今士大夫习山水画者,江南则梁溪邹彦吉,楚则郝黄门楚望,燕京则米友石,嘉兴则李君实。俱寄尚清远,能登高赋,不落画工蹊径。余并得受交,亦称知者。"

李日华才华横溢,著述宏富。著有《恬致堂集》《六研斋笔记》《紫桃轩杂缀》《时物典汇》《竹嬾画腾》等。

李肇亨(1592—1664),日华子,字会嘉,号珂雪、醉鸥,别署爽溪钓士。后为僧,法名常莹。学者。承父志,喜藏书,工诗文,擅长山水与书法。筑藏书处曰"写山楼""五峰梦""鹤梦轩"。

著有《写山楼草》《梦余集》《妇女双名记》等十余种。崇祯十年(1637)刊刻其父李日华《李太仆恬致堂集》,中国国家图书馆有藏。

17 凝霞阁

凝霞阁为明代藏书家汪继美、汪砢玉父子的藏书处,建于莲花滨(今嘉兴市南湖区城南街道)。

汪砢玉(1587—?),字玉水,号乐卿,自号乐闲外史等,嘉兴人。画家、藏书家。崇祯年间官山东盐运使运判。其父汪继美,字世贤,号爱荆,别署荆筠山人。收藏家。好图史,能诗,善画,收藏图书古玩,与藏书大家项元汴交好。筑藏书处曰"凝霞阁",贮古籍、字画,所藏富甲一时。另筑书屋于城南莲花滨,专贮珍秘。

汪砢玉承父"凝霞阁",另置藏书处"莲登草堂""韵石阁""青人巢"等,富甲东南。

著有《嘉禾史》《南湖园林记》《京华三梦记》《仙花馆小品》《吾学编》《天启四大征考》《竹史》《霞上绪言》等近二十种。其《珊瑚网》四十八卷,收录并评记所见书画之得失,朱彝尊称其堪与《清河书画舫》《真迹日录》齐驾。

凝霞阁

边款:凝霞阁,明代汪砢玉藏书之处。管凌作。

《珊瑚网》书影

① 舞蛟轩

舞蛟轩为明代藏书家范明泰的藏书处。

范明泰（生卒年不详），字长康，号鸿超，嘉兴人。范明泰父、祖皆以科举功名立身，在仕途上亦颇有作为。其父范应宾著述颇丰，有《水部集》传世。

范明泰于万历二十八年（1600）中举，父死于任所，其扶柩远归，痛不欲生。母亲病重，不惜千里寻医，日夜侍奉在旁。范明泰最佩服的人是北宋大书法家米芾，米芾爱石成癖，他也爱石成痴。

"舞蛟石，高三米，形状奇伟""若饥蛟鋆舞"，相传为唐代古物，也说是北宋末年花石纲遗物。石上刻有篆书"舞蛟"二字，据说是赵孟𫖯手迹。范明泰在万历年间辗转得到舞蛟石后，大喜过望，视如拱璧，放置家中清宛堂南，并将自己的书斋命名为"舞蛟轩"。

范明泰编撰有《米襄阳遗集》十二卷、《米襄阳志林》十三卷。"舞蛟石"后归于随州知州、嘉兴人徐世淳收藏，被置于祠堂书院旁。至清康熙年间，诗人朱彝尊看到此石后，为其考证正名，称"舞蛟石"即为元代"蛇蟠石"，并赋诗一首："石以舞蛟名，未若蛇蟠古。试诵弁山吟，图经犹可补。"或许是赵孟𫖯的"舞蛟"二字太过有名，清晚期，嘉禾名贤钱陈群、朱泰修相继以舞蛟石吟诗志趣，均未改其名。后舞蛟石一直流落于民间，数易其主。1954年，嘉兴文物保管委员会将舞蛟石移至南湖小瀛洲"仓圣祠"前的水池边，成为南湖一著名景观。

舞蛟轩

边款：舞蛟轩为明代藏书家范明泰藏书处。管凌作。

13 稽古堂

稽古堂为明末藏书家高承埏的藏书处。

高承埏（1603—1648），字泽外，号寓公，晚号鸿一居士。嘉兴人。藏书家、刻书家、学者。崇祯十三年（1640）进士。曾任迁安、宝坻、泾县知县。因屡退清兵，保全了宝坻县城，崇祯皇帝御赐"功在封疆"匾额。明亡后归乡，以藏书著述为娱，拒不出仕。承父志，好聚书，筑藏书处曰"稽古堂"，聚书八十楹，藏书七万余卷。

编有《稽古堂藏书目》。刻印古籍较多，辑有《稽古堂丛刻》十一种四十三卷，《稽古堂日钞》十七种，《稽古堂新镌群书秘简》二十二种，所刻之书，被叶德辉《书林清话》列为"明人刻书之精品"。钱谦益于《嘉兴高氏家传》评价其"嘉兴高水部寓公，以文学世其家，为文士；出令冲边，乘城捍敌，为才吏；沥血带索，为父讼冤，为孝子"。叶昌炽《藏书纪事诗》卷三有诗云："杉青闸畔表孤忠，父子南湖世考工。八十楹书前进士，西台泪洒杜鹃红。"

著有《诗义裁中》《自靖录》《稽古堂集》《宝坻全城记》等数十卷。藏书印有"高承埏印""稽古堂所有""醉李高承埏字九逷家藏书记"等。

稽古堂

边款：稽古堂。管凌，壬辰。

14 静惕堂

静惕堂为清代藏书家曹溶的藏书处，建于金陀坊（今嘉兴市安乐路杨柳湾附近）。

曹溶（1613—1685），字秋岳，号倦圃，别署白学先生，嘉兴人。藏书大家，学者、诗人。明崇祯十年（1637）进士，官御史，迁太仆寺少卿。为官不顺，革职回籍。后官复职，任广东布政使等。后裁缺归里。家境富裕，藏书颇丰。在别业"倦圃"园中筑藏书楼"静惕堂"，又有"邀月榭""金陀别馆""采山堂"等藏书处。

曹溶好收古籍。叶德辉在《静惕堂书目序》中称："今按此本，宋自徐铉《骑省集》以下凡一百九十六家，元自元好问《遗山集》之下凡一百三十九家，较王文简所见又多四十家。"朱彝尊《竹垞诗话》中称曹溶"博征文献，集三百年名公卿手书墨迹，装潢成册，多至七百家"。其藏书之盛，与宁波范氏天一阁可以抗衡。朱彝尊辑《词综》时多从其家藏宋人遗集中录出。曹溶手订的《流通古书约》定各藏家有无相易之法，为中国藏书史上重要文献。

曹溶亦喜刻书，所刊之书还在版心印有"檇李曹氏倦圃藏书"，刊刻了明各家著作四十余种共百余卷。曹溶善工诗词，为"浙西词派"先驱。著有《静惕堂诗集》《崇

静惕堂

边款：静惕堂为清代藏书家曹溶藏书处。壬寅夏，管凌。

(清)曹溶《桃林对坐图跋》(现藏于嘉兴博物馆)

祯五十宰相传》《倦圃莳植记》《粤游草》《续献征录》《静惕堂尺牍》《流通古书约》等,其《明人小传》收录了洪武至崇祯年间(1368—1644)三千余人的传记,收录人物众多,是了解明代人物的重要参考工具书。

藏书印有"白学先生""曹溶之印""秋岳生""秀州""曹溶秘玩"等二十余方。

朱彝尊受曹溶影响颇深,少时曾从曹溶游。周之恒绘《倦圃图》,朱彝尊为之记,园有"山泉鱼鸟蔬果花药"诸胜,共二十景。曹溶殁后,藏书由其次子曹彦桓继承,虽富藏书,但终未能守成。曹氏精藏主要流归于朱彝尊和纳兰性德两家。其门人陶越增订《学海类编》时云:"近日静惕堂遗书已多散佚矣,每一追思,为之陨涕。"

15 惠香阁

惠香阁为明末清初女诗人柳如是的藏书处。

柳如是(1618—1664),本姓杨,名影怜,嘉兴人。诗人。因读宋朝辛弃疾《贺新郎》中"我见青山多妩媚,料青山见我应如是",故自号如是。幼即聪慧好学,因家贫被掠卖到吴江为婢,妙龄时坠入章台,改名为柳隐,在乱世风尘中往来于江浙之间。与马湘兰、卞玉京、李香君、董小宛、顾横波、寇白门、陈圆圆并称"秦淮八艳",居首位。

柳如是有着深厚的家国情怀和政治抱负,徐天啸曾评价:"其志操之高洁,其举动之慷慨,其言辞之委婉而激烈,非真爱国者不能。"崇祯十四年(1641),明朝常熟大才子钱谦益与之在嘉兴勺园定情,后结成百年之好。钱为藏书大家,不仅得刘凤、钱允治、杨仪、赵用贤四家书,更不惜重金高价广购古本,构筑绛云楼,收藏宋元孤本。绛云楼之名与柳如是有关,是取紫微夫人诗句"乘飙俪衾寝,齐牢携绛云"中"绛云"二字。绛云楼既是藏书楼,也是钱谦益、柳如是伉俪之居所。除此之外,柳还建惠香阁藏书。黄丕烈所藏《乐府新编阳春白雪》十卷,一为元刻,一为元代钞本,均为其所藏所校。《士礼居藏书题跋记》云:"元刻《阳春白雪》为钱塘何梦华藏

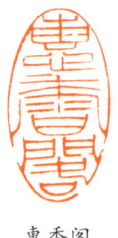

惠香阁

边款:惠香阁。壬寅三月,管凌作。

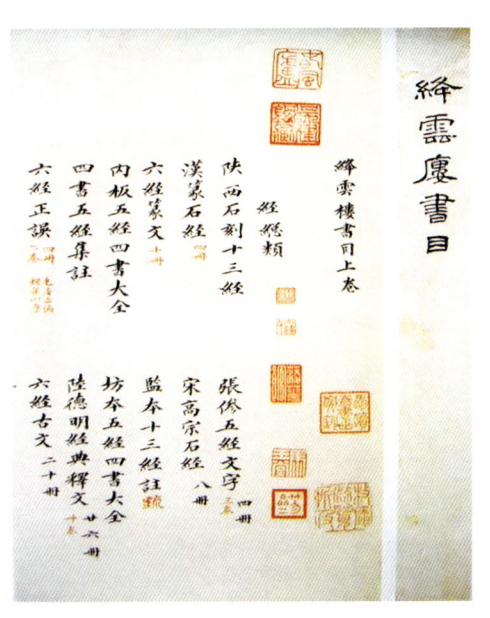

(明)钱谦益撰、陈景云注《绛云楼书目》，书前有钱谦益弟子曹溶的序文

柳如是小像

书，矜贵之至，因其是惠香阁物也。惠香阁，初不知为谁所居，梦华云是柳如是之居。兹卷中有牧翁印，有钱受之印，有女史印，其为柳如是所藏无疑。"

柳如是不仅好藏书，且博览群书，能诗文，善书事，还协助钱谦益编撰《绛云楼书目》，一时传为佳话。还著有《戊寅草》《湖上草》《柳如是诗》《红豆村庄杂录》《梅花集句》《东山酬唱集》等。明亡，柳如是劝钱谦益殉节，钱谦益推托不从，柳如是奋身投荷花池未遂。钱谦益降清后遭忌，被逐回乡，忧郁死。钱家族乘机逼索柳如是，柳如是不堪折辱，投缳自尽，年仅四十六岁。

藏书印有"柳如是""惠香阁""怜香惜玉""女史"等。

16 曝书亭

曝书亭为清代著名诗人朱彝尊的藏书处,建于今嘉兴市秀洲区王店镇曝书亭公园。

朱彝尊(1629—1709),字锡鬯,号竹垞,别号金风亭长等。嘉兴人。诗人、词人、学者、藏书大家。故宅即今王店曝书亭公园。

朱彝尊在文学上的成就颇高,与王士禛并称"南朱北王",与陈维崧、纳兰性德并称"清初三大词人",是浙西词派创始人。工书法,和王时敏、郑簠被誉为"清初隶书三大家"。

朱彝尊曾祖父有不少藏书,其幼时所读主要是家藏图书。陈廷敬《竹垞朱公墓志铭》中说其"少而聪慧绝人""书过眼复诵,不遗一字"。十七岁成婚后,朱彝尊放弃科考,转而研究古学。学问上名气渐大,许多名门争相聘其为幕僚,从此开始了二十多年读书、游历和收藏图书的活动。康熙十八年(1679),朱彝尊以布衣之身举博学鸿词科,授翰林院检讨,参与纂修《明史》。后充任日讲起居注官、江南乡试副考官,入直南书房。朱彝尊潜心读书治学、收藏图书六十余年。明末秀水项氏"万卷楼"藏书外散,朱彝尊从京城赶回讨购,以重金买下了"万卷楼"的全部残藏,为曝书亭藏书打下基础。

曝书亭

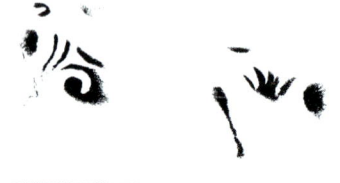

边款:朱彝尊,字锡鬯,号竹垞,别号金风亭长等。秀水梅里人。清著名诗人、词人、学者、藏书大家。故宅即今王店曝书亭公园。壬寅,管凌。

朱彝尊做翰林院检讨时,不仅在民间藏家处借抄了大量图书,而且还抄录了史馆中许多的珍贵典籍。此事后被人告发,朱彝尊被撤去翰林检讨之职。为抄图书而丢官,朱彝尊却毫不后悔,说:"(因抄书)为院长所弹,去官而私心不悔也。"为此,他还作了一首《书楶铭》:"夺侬七品官,写我万卷书。或默或语,孰智孰愚。"表达了

曝书亭近照

其一心藏书治学之精神。

朱彝尊遍访城乡、庙寺、墓阙，四处搜求图书及金石铭刻之文，还经常出入曹溶的静惕堂及徐乾学的传是楼，从那里借抄图书。他认为保存典籍最好的办法莫过于使之流通。因此他既借别人的藏书，也将自己的藏书借给别人。徐乾学、王士祯、宋牧仲等人都向他借抄过图书，他还将大量藏书借给著名藏书家曹寅抄录。曹寅，字子清，号楝亭，曹雪芹的祖父。好藏书，与朱彝尊友善。曝书亭藏书，曹寅都有副本。清人叶昌炽在《藏书纪事诗》卷四中曾对此做过生动的描绘："绿树芳秾小草齐，楝花亭下一尊携。金风亭长来游日，宋椠传钞满竹西。"

康熙三十五年（1696），朱彝尊在竹垞上建起"曝书亭"和"潜采堂"两座藏书楼，将八万余卷藏书分经、艺、史、志、子、集、类、说八门妥加收藏。"潜采"意为深藏图书、博采学问。其在藏书中钤有白文印"购此书，颇不易，愿子孙，勿轻弃"。其藏书之富与清初大藏书家徐乾学齐名。编有《竹垞行笈书目》《曝书亭书目》《潜采堂宋元人集目》《潜采堂宋金元人集目》《明诗综》等，著录图书两千余种。

曝书亭藏书在朱彝尊逝后比较完好地保存了几十年。藏书印有"秀水朱氏潜采堂图书""梅会里朱氏潜采堂藏书""竹垞真藏""小长芦朱彝尊印""潜采堂"等。张廷济对"梅会里朱氏潜采堂藏书"印，曾作诗赞美："管领奇书八万卷，人间此印亦千秋。"

朱彝尊卒后葬于嘉兴百花庄其祖朱国祚墓地南五里。王店镇至今有朱彝尊故居"曝书亭"，为浙江省文物保护单位。

(清)朱彝尊隶书
(现藏于余杭博物馆)

朱彝尊小像

《曝书亭诗集》书影

17 承雅堂

承雅楼为清代藏书家陈昂的藏书处,建于今嘉兴市秀洲区王店镇曝书亭附近。

陈昂(生卒年不详),字书崖,号舒霞,别署三十六峰学人,嘉兴人,与朱彝尊父子为邻。官同知,时称"明布衣诗人第一人"。生平喜书好客,藏书颇富,筑藏书处"承雅堂""梅花书屋""涌石山房""西雅楼"等。所藏多宋元旧本。《拜经楼藏书题跋记》:"先君子书云:《啸堂集古录》,世传刊本,首叙即阙文二百四十余言,而笔画之讹舛,尤不胜计。昨岁陈君仲鱼得旧本,乃新安陈书崖昂所钞藏者。首序既全,而字画精好,与刊本有毫厘千里之殊。"

藏书印有"陈氏家藏""书崖珍秘""陈书崖读书记""涌石山房练江陈昂之印""东阜先生后人""天都陈氏承雅堂图籍""陈氏藏书子孙永保""陈书崖读书记"等十余方。

承雅堂

边款:承雅堂。辛丑,管凌作。

南湖、秀洲篇

18 观妙斋

观妙斋为清代金石学家李光暎的藏书处,建于今嘉兴市秀洲区王店镇。

李光暎(?—1736),一名光映,字子中、组江,号叠庵,自署观妙主人,嘉兴人。金石学家。喜读书,嗜藏书、刻书,尤喜金石文献,收藏甚富,搜罗金石文字不遗余力。筑藏书楼"观妙斋",刻书处为"茹古阁"。多得朱彝尊所藏金石刻,延同里金介复佐其辑录,姐婿王藉渠为之缮写,遂辑集诸家之论成《观妙斋藏金石文考略》十六卷,汇编论考其家藏金石文字凡六百余种,采金石之书凡四十种,地志、文集、说部类计六十种。康熙五十九年(1720)刻《无声诗史》七卷。

观妙斋

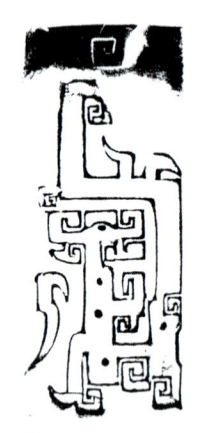

边款:观妙斋,清代金石家李光暎藏书处。壬寅,管凌。

19 惜芬书屋

惜芬书屋为清代藏书家盛百二的藏书处。

盛百二(1720—？)，字秦川，号柚堂，嘉兴人。少时读书悟性极高，于天文、勾股、律吕、河渠之学，无不精研。乾隆二十一年(1756)举人，官山东淄川知县，任职一年后，即以丁忧辞归，不复出。晚年居齐鲁间，主讲山枣、藁城书院十数年，培育人才无数，多有成就。筑藏书处"惜芬书屋""春草堂""皆山格"。好藏书，藏书颇富，其中不乏宋元明本。傅增湘家藏书目中收录其旧藏《尔雅注》，罗振常《善本书所见录》著录其所藏明刊本《鲍氏战国策注》，李盛铎亦藏其旧蓝格抄本《石初周先生文集》，《涵芬楼原存善本书目》也有其旧藏《汲冢周书》，藏书家叶景葵《卷盦书跋》有其评点的《归震川文集》。著有《尚书释天图解》《增订教稼书》《柚堂文存》《尚书释天》《皆山阁吟稿》《柚堂笔谈》《柚堂笔谈》《柚堂续笔谈》等。

藏书印有"罗浮山人""秦川""秀水盛氏柚堂藏书""惜芬书屋""春草堂""柚堂"等。

惜芬书屋

边款：惜芬书屋。壬寅秋月，管凌刻记。

《柚堂四种》书影

20 砚山堂

砚山堂为清代诗人吴文溥的藏书处。

吴文溥（1736—1800），字博如，号澹川，嘉兴人。诗人、金石学家。嘉庆十年（1805）贡生。阮元督学浙江，见其诗，誉为"浙中诗士之冠"，招入幕中，请其校订《輶轩录》稿。吴文溥之古文骈体，能集六朝、唐、宋之大成。尝西入关中，南游台海。阮元尝出其先大父征苗刀示之，吴文溥走笔作歌，震夺一席。尤精韬略，曾佐湖北巡抚幕，论两湖戎事，了如指掌。薛绍元《台湾通志》载："乾隆五十一年（1786），课榕城，随学使襄校各郡，得士甚多。明年入台湾道幕，掌教海东书院，一以严取与，务躬身行为勖诸生。课一艺，评点讲解，务令习者欢欣以去，台湾士风顿起。"

喜读书，建藏书处"砚山堂""南野草堂"，藏书颇丰。藏有宋刊元印本《通监纪事本末》四十二卷等。莫伯骥《五十万卷楼书目录初编》亦有此书，跋云："家世务农读书。曾祖逊庵嗜砚，建砚山堂以贮之。"著有《师贞备览》《所见录》《闽游篇》《南野堂笔记》《南野堂续笔记》《南野堂诗集》等。

藏书印有"砚山堂"等。

砚山堂

边款：砚山堂为清代诗人吴文溥藏书之处。壬寅年夏，管凌于望海楼。

《南野堂笔记》书影

21 书隐阁

《说文字原韵表》书影

书隐阁

边款：书隐阁。辛丑，管凌。

书隐阁为清代藏书家胡重的藏书处。

胡重（1741—1811），字菊圃、子健，号曲寮居士，别署小书隐生等，嘉兴人。学者、藏书家。监生。工诗词，精于校勘。好藏书，筑藏书处"书隐阁"。

胡重曾自述："四世聚书数万卷……惟余行笈所携，皆手自校雠，丹铅无恙。"黄丕烈提及他的藏书云："用心雠勘，自是我辈一流人物，惜未能晤对一堂，为古书讨厥源流耳。"曾校《冯注李义山诗集》《说文》，纂订《三通警策》上下编。著有《秀州金石考略》《说文字原韵表》《说文集校》，又有剧曲《海屋添筹》《嘉禾献瑞》等十余种。金孝相为其刻《说文字原韵表》。

南湖、秀洲篇

27 烟霞万古楼

烟霞万古楼为清代诗人王昙的藏书处，建于今嘉兴市南湖区解放街道秋泾社区。

王昙（1760—1817），初名良士，字仲瞿、檇田，号禾人，别号蝶隐、韵园主人等，嘉兴人。当地有瓶山，因又以瓶山自号。学者、藏书家。乾隆五十九年（1794）举人。通经史百家，才华横溢，尤工诗与骈体文，其所作《西楚霸王庙碑》被时人叹为"二千年来无此手笔"。特立独行，好游侠，习兵法，能骑射。左都御史吴省钦向和珅举荐王昙，后和珅下狱，王昙因此被牵连，断绝仕途。从此，王昙行为狂放，潦倒江湖，忧郁而终。

王昙妻金礼嬴，号五云，善诗画。夫妻俩居嘉兴城外秋泾桥旁，地近义冢，筑藏书处"烟霞万古楼"。张鸣珂《寒松阁谈艺琐录》载："楼（烟霞万古楼）五楹，轩窗明爽，水木清华，塔影风帆，近接几席。楼中图书卷轴，笔砚琴尊，金石彝鼎，笙箫剑戟，投壶弈枰之属，位置精雅而无梯，楼板上穴一圆洞，主人一跃而上，客至则挟以俱登焉。"王昙自书对联："妻太聪明夫太怪，人何寥落鬼何多。"

王昙著述繁富，记有三百余卷。现存有《烟霞万古楼文集》六卷、《烟霞万古楼诗选》二卷、《烟霞万古楼诗录》二卷、《诗录》和后刻的《烟霞万古楼残稿》一卷、《烟霞万古楼诗未刻残稿》一卷、抄本《烟霞万古楼诗未刻佚稿》（原藏嘉兴图书馆）。

藏书印有"王章昙生""善才读过""鸿隐楼夫妇鉴赏""韵园主人"等。

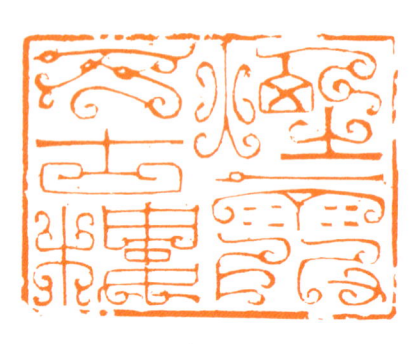

烟霞万古楼

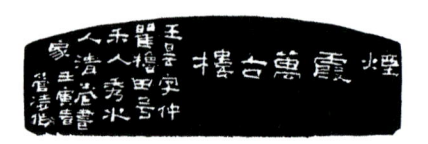

边款：烟霞万古楼。王昙，字仲瞿、檇田，号禾人，秀水人。清藏书家。壬寅春，管凌作。

23 磨兜坚室

磨兜坚室为清代藏书家章全的藏书处。

章全(1765—1818),字益斋、紫绶,号遂衷,秀水(今嘉兴)人。学者、藏书家。嘉庆元年(1796)岁贡生,官至天台县训导。与钱泰吉为挚友。喜藏书,精校勘,一生勤于抄书,年逾古稀仍抄书不辍。曾抄《乐书》全部二百余卷,影宋版本精绝,有一千二百余页,似宋本,又借东津亭马氏所藏宋本校正,越两年而成。精抄《临安三志》。筑藏书处"磨兜坚室",藏书甚富,藏宋椠本甚多。著有《考证古微书》三十六卷。

藏书印有"家私万卷旧藏书""会校临安三志""章氏考藏书籍之印"等。

磨兜坚室

边款:磨兜坚室为清代藏书家章全藏书之处。壬寅,管凌。

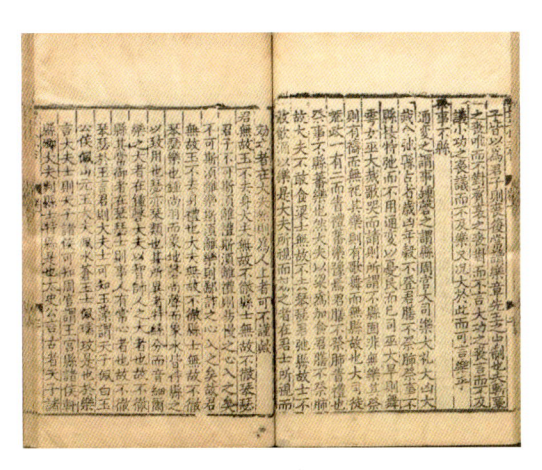

宋版《乐书》书影

24 三斗铜斋

(清)文鼎《松溪亭子图》

三斗铜斋

边款：文鼎，字学匡、学鼎，号后山、后翁，秀水人。清篆刻家、书画家、藏书家。三斗铜斋为藏书处。壬寅秋月，管凌作。

　　三斗铜斋为清代篆刻家文鼎的藏书处。

　　文鼎（1766—1852），原名元鼎，字学匡、学鼎，号后山、后翁，秀水（今嘉兴）人，布衣。篆刻、书画家。终身布衣。精书法篆刻，善写山水松石。画守衡山家法，为"鸳湖四山"之一。亦精鉴别，喜收藏。所居"停云旧筑"，藏书处为"三斗铜斋""五字不损本室"。所藏金石、书画多为上品，如商仲彝、周旬鲥、汉元延铜、禊帖五字不损本、原拓《娄寿碑》，俱精绝。

　　精刻竹，凡扇边及秘阁，皆自为书、画，刻山水不下周芝岩。著有《五字不损本室诗稿》。

　　藏书印有"三斗铜斋""瓣香""后山""后山鼎""后山斋""乐渔""后翁书屋"等。

25 五千卷室

　　五千卷室为清代词人曹言纯的藏书处，建于今嘉兴市秀洲区王店镇。

　　曹言纯（1767—1837），字丝赞，号古香，又号种水，别署种水树农，嘉兴人。词人、画家。嘉庆元年（1796）贡生。工诗画，善填词。建藏书斋为"五千卷室"。钱泰吉《曝书杂记》云："同邑曹种水明经言纯……家苦无书，借人书籍，节取其精华，蝇头细书三十余年，无虑千百册。余尝劝其仿庾仲容子钞马元会《意林》，钩元提要，汇为一编，种水额之而未暇为。今遗书满簏，恐无人收拾矣。"曹言纯所作《题花南老屋》诗云："重画春风旧钓矶，药畦花町已全非。南邻父老犹能记，红板桥东白板扉。"道出了其真实的生活状态与心境。

　　著有《征贤堂集》《种水词》等。

五千卷室

边款：五千卷室为清代词人曹言纯藏书处。壬寅春，管凌作。

曹言纯楷书诗册《嘉兴历代书法图录》书影

26 八砖精舍

八砖精舍为清代金石学家张廷济的藏书处。其住宅名考堂，在今嘉兴市南湖区凤桥镇新篁社区。

张廷济(1768—1848)，原名汝霖，字叔未，号顺安，又号说舟、作田、海岳庵门下弟子，晚号眉寿老人，嘉兴人。学者、书画家、藏书家。嘉庆三年(1798)中解元，后几次会试未中，遂居家从事学术研究和艺术创作。张廷济能诗词，善书画，所作梅花，颇多古趣。精金石考据之学，尤长文物鉴赏，一碑一器均能辨其真伪，识其源流。喜收藏各类古器文物，藏鼎彝、碑版及书画甚多。嘉庆八年(1803)前后建藏书处"八砖精舍""清仪阁"。藏品上自商周下至近代，其中不少鼎彝碑版及青铜器为罕见的珍品，并藏有大量周秦以来的钱币。陈鳣《清仪阁记》云："叔未与余同举于乡，哀然居首，三上公车，以官学教习，当得官，因不屑为风尘吏，拂衣而归，扫除门径，蓄古以养亲，储书以课子……一二友朋，时相往来，或赏奇析疑，或坐花醉月，或点笔题诗。暇辄扁舟出游，访求古迹。"藏有宋淳熙本《皇朝仕学规范》四十卷。清仪阁刻石尚存多方，现藏于南湖揽秀园碑廊。

著有《金石文字》《清仪阁古印偶存》《清仪阁藏器目》《清仪阁题跋》《金石刻题跋》《清仪阁印谱》及《眉寿堂集》《桂馨堂

八砖精舍

边款：张廷济，字叔未，号李亭、字霖、海岳门下弟子，晚号眉寿老人，新篁人。清学者、书画家、藏书家。辛丑年七月，海盐管凌作。

张廷济画像

张廷济九岁时从其父亲处得到的瓜砚,传承了三代

(清)张廷济书《吉金乐石文字》,纸本八屏,道光十一年辛卯(1831)冬仲之作,十七年丁酉(1837)初春录于竹田清仪阁。钤印:张廷济(朱) 张叔未(朱)

集》《清仪阁所藏古器物文》等。其中《清仪阁所藏古器物文》最具特色,书内以拓本加题跋的形式,详细记录了收藏过程,包括人物、地点、时间、价值等稀缺信息,集拓古器物数百件,开列十册,在金石著作之中极为罕见。

张廷济故居在今凤桥镇新篁社区朝南街太平寺后,1938年日军焚掠新篁,故居大部被毁。清仪阁则毁于清咸丰年间,所藏古物大量散失,存留的古物由后裔陆续出售,直到二十世纪二三十年代。

27 三余堂

三余堂是清代藏书家冯文昌的藏书楼。承祖父冯梦祯"快雪堂"名号,建"三余堂"于西湖孤山之侧。

冯文昌(生卒年不详),冯梦祯孙,字研祥、文元,嘉兴人,后移居杭州。藏书家。承祖风,喜藏书,藏书处曰"快雪堂""三余堂"。藏书甚富,其中宋残本十卷《金石录》最为珍贵,被当作镇堂之宝。手跋其后,还专为之刻印曰"金石录十卷人家"。长笺短札,帖尾书头,每每用之。是书相继被江立、鲍廷博、阮元、赵魏、汪诚、韩泰华、甘福、潘祖荫、潘景郑等人收藏,且各藏书家均刻有"金石录十卷人家"藏书印。著有《吴越野民集》。

藏书印有"金石录十卷人家""字研祥""冯氏三余堂收藏""茅斋玩赏""三余堂""平安馆印""文字之祥　君家其昌""冯印文昌""冯氏图书""快雪堂图书""茅屋纸窗　笔精墨妙"等。

三余堂

边款:三余堂。壬寅夏八月,管凌作。

清初,冯文昌意外获得宋本《金石录》十卷,特地刻"金石录十卷人家"一印,钤盖在所藏每册书卷上。此后,此本《金石录》经鲍廷博、阮元、潘祖荫等大藏书家递相收藏,书上印章累累,斑斓绚丽(现藏于上海图书馆)

28 石经阁

石经阁为清代学者冯登府的藏书处。

冯登府(1783—1841),一作登甫,原名鸿登,字云伯,号勺园、柳东,别署小长芦旧史。因年十五和鲍廷博诗有"夕阳有余晖,犹为好山留"句,人称之为冯好山。嘉兴人。学者、藏书家。嘉庆二十五年(1820)进士,庶吉士。任乐县知县,不两月即辞。官宁波府教授十年,又主讲青浦、青溪书院。后归故里王店,建勺园颐养天年。

冯登府一生以著书立说为业,不为仕途所羁绊。道光十年(1830)登天一阁,校书五十余种。藏书颇丰,于勺园别业中筑藏书楼"石经阁",孙星衍、阮元为书额。园内花木扶疏,亭台楼阁,又建酹史岩、种园仙馆、小樵李亭书架等藏书处。其藏书有多种宋元刻本,如宋残本《六臣注文选》、元本《柳文》等。

冯登府不仅喜藏书,还喜刻书。嘉庆年间刻自撰《石经补考》十二卷,道光年间刻自辑《曝书亭集外集》八卷,自撰《清芬集》八卷、《石经考异》十二卷、《工补考》十二卷、《种芸仙馆词》三种五卷、《石经阁诗集》五卷、《象山县志》二十二卷首一卷附《文类》二卷等,今均藏于南京图书馆。著作等身,有文集八卷、诗四卷、词四卷。

藏书印有"登府手校""石经阁""云伯审定"等。

石经阁

边款:石经阁为清代学者、藏书家冯登府藏书之处。壬寅,管凌作。

《论语异文考证》书影

南湖、秀洲篇

20 映雪楼

映雪楼为清代藏书家庄仲方的藏书处，建于今嘉兴市南湖区春波门外。

庄仲方（1780—1857），字兴寄，号芝阶，嘉兴人。藏书家、文学家。嘉庆十五年（1810）举人，历官候补布政司理问、中书舍人。长居杭州西湖，晚年归里，居郡城春波门外甪里街。庄仲方生性淡泊荣利，唯偏爱图籍、花卉。博览群书，好古精鉴赏，工古文辞。斋名为"玉树书屋"。收集图籍三十年，得书五万卷，筑藏书处"映雪楼"贮之。《映雪楼藏书目录》自跋云："余生平所嗜惟书与花，而书尤甚……然既有书癖，或典质以购，人虽痴我，不顾也。积五十年得书近五万卷，以视四库所藏，直泰山之于丘垤耳。"

道光八年（1828）撰《映雪楼书目》（又名《映雪楼藏书目考》）十卷，稿本今存，有吴璠、吴德旋、吴敬承序。前辈顾廷先生有题记曰："晚岁病南宋，漫无统纪，为之旁搜博访，得三百余家，遴选成书，以为《文鉴续》，十余年书成百卷，藏其副于门人庄仲方家。"是目著录图书两千余种，每书有叙录，多论断之语，颇有见识，可资读书津梁。

庄仲方除藏书外，亦喜刻书。刻有《胥园诗钞》十卷，自辑《金文雅》十六卷、《作者考》一卷，自撰《映雪楼文偶》《历史碧血录》《南宋文范》《外编残存》等，今均藏于南京图书馆。

映雪楼

边款：映雪楼。壬寅，管凌刻。

30 飓山楼

飓山楼为清代史学家钱仪吉的藏书处。

钱仪吉(1783—1850),初名逮吉,字蔼人,号衍石,别署静读举人等。钱泰吉堂兄。经学家、藏书家。先世居海盐甘泉乡之秦溪,后迁入嘉兴府城南门莲花桥。

嘉庆十一年(1806),其堂弟钱泰吉的父亲钱复去世。钱泰吉扶丧自京师归故里。安葬好父亲后,钱泰吉拜谒伯父,伯父命钱仪吉:"汝善启诱若弟,俾有成,以慰我先人也。"钱仪吉遵从父言,以纯儒相勉励,结泰吉于师友。他们皆善文辞,年少而有才名,时称"嘉兴二石"("二石"即二人的号"衍石""警石"),同为藏书名家。

钱仪吉嗜书,酷爱藏书。十四岁时得钱便至厂肆买《水经注》《高青丘集》读之。其夫人"奁中金尽用以买书,更脱钗珥继之。斗室中连床塞屋无隙地"。筑藏书处曰"飓山楼""仙蝶斋""定庐""衍石斋"等。《曝书杂记》记云:钱仪吉"聚书数万卷,皆数十年节衣缩食得之者"。博通群籍,工文章,治经讲求故训,长于地理,尤精史学,所编著《碑传集》(一百六十卷,首末各二卷)收有清代人物一千六百八十余人,采自方志、文传五百余家。编有《仙蝶斋藏书目》。著有《庐江钱氏文汇》四卷、《衍石斋记事稿》正稿十卷、《北郭集》四卷、《澄观集》四卷、《衍石斋诗稿》四十九卷、《飓山楼初集》六卷、《旅逸小稿》二卷、《皇舆图说》四十卷等十余种。

藏书印有"仙蝶斋""仪吉之印""使我怀古之情更深""本庐江河氏"等。

飓山楼

边款:飓山楼,清代史学家钱仪吉藏书处。壬寅,管凌。

31 信芳阁

信芳阁为清代藏书家王相的藏书处。

王相(1789—1852),字三台,号雨卿,别号惜庵,亦作夕庵,晚号聋叟,嘉兴人。藏书家。少时弃业,以著述、藏书、吟咏为乐。

王相好藏书,聚书数十万册(一说四十万卷),多宋元善本和明清精刻本,还有明清名人字画,其中庋藏明人文集最富。筑藏书楼"信芳阁",又有"百花万卷草堂""沁绿轩""池东书库"藏书处。鲁一同《王公惜庵墓志铭》云:"所居百花万卷草堂,金石图书插架充栋,四方之士望门投止,座无虚位。"

王相除藏书外,亦藏金石、碑帖、书画,又以刻书名著一时。所刻图书均有"信芳阁"字样。如道光八年(1828)刻自编《无止境初存稿》六卷、《集外诗》一卷;道光十年(1830)刻《诗说考略》十二卷,自辑《国初十家诗钞》十种七十五卷、《周易遵术》不分卷附《周易剩义》一卷等,今均藏于南京图书馆。著有《无止境初存稿》《无止境续存稿》《乡程日记》《百家姓考略》等;辑有《秀水王家藏集》《香雪庵丛书》《池东书库诗汇》《清贻堂存稿》《诗说考略》《友声集》《信芳阁诗汇》,其中《信芳阁诗汇》收录清初至嘉庆年间三百余家诗文精粹,分为四十函。

信芳阁

边款:信芳阁。壬寅夏日,管凌作。

民国年间,王相大部分藏书归于沈知方"粹芬阁"。

藏书印有"王氏信芳阁藏书印""为天下猎物为朝廷惜福为子孙惜阴鹜为家惜用为学业惜光阴为年龄惜精神为终老惜书名"等。

37 冷 斋

冷斋为清代文学家钱泰吉的藏书处，建于今嘉兴市杨柳湾砖桥。

钱泰吉(1791—1863)，字辅宜，号警石，别署甘泉乡人。钱仪吉从弟。藏书家、文学家、学者。据王拯《钱先生家传》及曾国藩《钱君墓表》称，泰吉本姓何，其先世自明洪武年间迁海盐甘泉乡秦溪，养于邑之钱翁，遂改姓钱。后迁至嘉兴府城南门内莲花桥。钱泰吉少时即苦学。从兄钱仪吉博览群书，早有高名，钱泰吉与其师友之间。他们皆善文辞，年少而有才名，时称"嘉兴二石"。

钱泰吉于道光七年(1827)官海宁州训导，历时三十年。后主讲安澜书院。闲居时苦读书，经史百家及唐宋以来诗文集，无不披览。极嗜藏书，承继父书万余卷，藏书号称"二万卷"。嘉庆十二年(1807)，梧溪吴之振"黄叶村庄"藏书流出，他全部收购。钱泰吉任官期间，收藏图书，不遗余力。其藏书皆随以往。学舍中分一堂为二。《清史列传》卷七十三《文苑传》"钱仪吉　从弟泰吉"条下载："家贫，节布粝，置书四万卷，虽甚烦困，不废。"取元代仇远"官冷身闲可读书"诗句之意，名藏书楼为"冷斋"，又有"湖天海月楼""闲心居斋""可读书斋"等藏书处。

冷斋

边款：冷斋为清代文学家钱泰吉藏书处。壬寅，管凌作。

钱泰吉小像

《甘泉乡人稿》书影

钱泰吉亦工书法，精鉴赏。校书尤为精详，一字之误，旁求众证，书眉与行间，蝇头小字皆满，为著名校勘家。光绪《嘉兴县志》称其"积书数十椟，大半丹铅所点勘，于四库名籍几遍，两汉《书》《元文类》尤精校者"。藏书后被他人所占有。

著有《甘泉乡人稿·藏书述》《甘泉乡人诗文稿》《甘泉乡人迩言》《清芬世守录》《颐合室合稿》《海昌学职禾人考》等。其《曝书杂记》为题跋、读书心得之作，详载古籍版刻的源流及收藏传写始末，历来为世所重。叶昌炽称其"于藏书、读书、抄书、校书之法，言之极详，有志朴学者，不可不寓目也"。学者郑伟章《文献家通考》言其书"自道心得，成一家言，为藏书题跋之变体，海内藏书家多争购之"。

藏书印有"可读书斋""御题清芬世守""甘泉乡人"等。

33 十经斋

十经斋为清代学者沈涛的藏书处。

沈涛(约1792—1855),原名尔政,字西雍、季寿,号匏庐,嘉兴人。学者。嘉庆十五年(1810)举人。官江苏如皋县知县,转任江西道员,署盐法、粮储两道,政声卓著。咸丰三年(1853)初,太平军包围南昌,随江西巡抚张芾婴城拒守四十九日,解围后,授福建兴泉永道,未到任,改调江苏,病卒于泰州。

沈涛幼时有神童之称,曾师从文字学家段玉裁游。与归安吴云最相契,赏鉴所获,辄绘图征诗唱和成帙。《清史列传》卷六十九《儒林传》"沈涛"条下云:"生平学尚考订,兼嗜金石。官真定时,搜郡中古碑,自周穆王至元顺帝,凡二百五十余种,多前人所未见,为《常山贞石志》二十四卷。"藏书甚富,有"十经斋""交翠轩""瑟榭""铜熨斗斋"等藏书处。藏有宋本《金石录》十卷、《顺治十八年搢绅册》,以及潜采堂旧藏《宋拓兰亭碑》等。家有《绛云楼印拓本题辞》,题辞者有徐渭仁、戈载、甘熙、吴云、叶志诜、潘遵祁等三十余人。另有抄本《梅花道人遗墨》。著有《说文古本考》十四卷、《铜熨斗斋随笔》八卷、《交翠轩笔谈》四卷、《柴辟亭诗集》四卷、《十经斋文集》四卷、《匏庐诗话》三卷、《常山贞石志》二十四卷等。

藏书印有"十经斋藏书印"等。

十经斋

边款:十经斋。壬寅五月,管凌作。

《十经斋遗集》书影

34 耆英堂

耆英堂

边款：耆英堂。壬寅冬月，管凌作。

钱曾撰，吴志忠、黄丕烈批校《读书敏求记》，耆英堂刊本，清乾隆六十年（1795）

耆英堂为清代藏书家沈炎的藏书处。

沈炎（生卒年不详），后更名游，字葭士，嘉兴人。诗人、藏书家。贡生。性恬退，独嗜吟咏，与计渔溪结澜言社。承祖志，建藏书处"耆英堂"。胡重《重刻读书敏求记》序云："三世聚书数万卷，家学渊博，晨夕一卷，丹黄不辍，重以文字相契，服其用心之勤且慎。"著有《耆英堂集》。

35 银藤花馆

银藤花馆

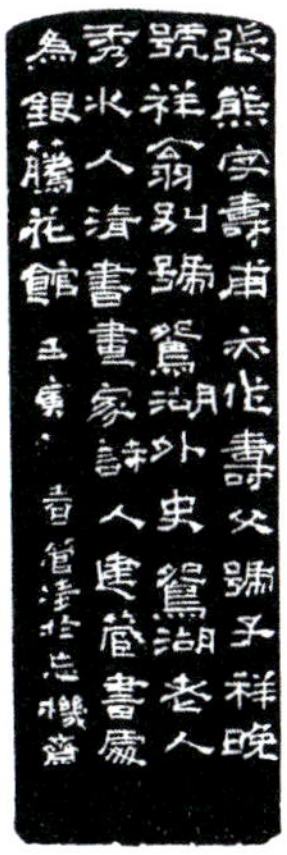

边款：张熊，字寿甫，亦作寿父，号子祥，晚号祥翁，别号鸳湖外史、鸳湖老人。秀水人。清书画家、诗人。建藏书处为银藤花馆。壬寅春，管凌于忘机斋。

银藤花馆为清代画家张熊的藏书处。

张熊（1803—1886），又名张熊祥，字寿甫，亦作寿父，号子祥，晚号祥翁，别号鸳湖外史、鸳湖老人、鸳鸯湖外史、清河伯子、髯参军等，室名银藤花馆，嘉兴人。画家、诗人。张熊年轻时移居上海，以书画为业。最擅长画花卉，纵逸似周之冕，古媚似王武。尤善画大幅牡丹，屏山巨幛，以寻丈计者愈见力量。绘画注重写生，所画草虫、蔬果、人物、山水均有功力。精篆刻，亦善八分书。花鸟画初宗恽南田，后自成一家，富于时代气息，极受社会称赞。与任熊、朱熊合称"沪上三熊"。

张熊喜藏金石书画，平生收藏了一万多件古董珍玩，名扬艺林，被称为"沪上寓公之冠"，拜他为师的人极多。

清同治年间，宫廷征画士，潘祖荫举荐张熊，推辞不赴，以鬻画终其身。其妻钟惠珠亦擅画。

著有《题画集》《银藤花馆诗钞》。

（清）张熊所绘花鸟图

36 泽存楼

泽存楼为清代藏书家计光炘的藏书处，建于今嘉兴市秀洲区王江泾镇。

计光炘（1803—1860），字曦伯，号二田，别署竹林逸士，嘉兴人。书画家、藏书家。父亲早逝，计母训以"屏浮华，慎交游，购书籍，纯师儒"，节衣缩食，寒暑无间，闭门自学。贡生。性情高洁，厌恶科举为官。一生在家读书作画，侍奉母亲。其父生前好藏书，殁后藏书归其继承。计光炘筑"泽存楼"藏书，有永保先人手泽之意。又建藏书画处"泠音阁""守甓斋"等。

计光炘为聚书，还向鲍廷博等借书抄录。若有渴求秘籍精本，便不惜重金，辗转求购。道光十四年（1834）时，已聚书六千余种，达六万二千卷，内多宋元精品。又喜收藏画。《木犀轩藏书题记及书录》记其藏有明成化大黑口本《圭斋文集》十六卷。

计光炘为晚清知名画家。擅长作画，精究画理，凡山水花卉皆穷其妙，至意有所触，潇洒布墨，自是清逸之作。因仰慕画家沈周（石田）、恽寿平（南田），故名其藏书画之所为"二田斋"，斋内悬挂有"二田"画像，遂以"二田"自号。对字画的鉴赏有独到之处，并将沈、恽二人真迹字画宝为收藏。所著《二田斋读画绝句》一书，就所藏当时未见史传的名家画卷及朋友遗墨逐一

泽存楼

边款：泽存楼为清藏书家、画家计光炘藏书处。壬寅七月，仿让翁。管凌刻记。

守甓斋

边款：守甓斋。壬寅七月，管凌作。

黄帝内经素问二十四卷书影（唐）王冰撰（宋）林亿等校，明嘉靖年间顾定芳校刻本。卷前有"计曦伯家珍藏""计氏曦伯""计光炘"等朱印，卷后有"万玉楼""守甓斋藏书"等朱印

题诗一首，共计一百三十余家。其诗画双绝，为人风雅和善。读书之暇，和朋友结社燕游，吟诗作画，名冠一时。著有《守甓斋诗集》《史论》《百咏吟史论》《倚声》《二田斋读画绝句》《二田斋笔记》《苔雪居吟稿》等。咸丰十年（1860），计光炘去世后不到三月，太平军攻占嘉兴，其藏书均毁于战火之中。

藏书印有"守甓斋藏书""曦伯所藏""古射襄城计氏二田之章""光炘私印""秀水计光炘曦伯氏""计印光炘""泠音阁""曦伯父""秀州计光炘曦伯父私印"等。

南湖、秀洲篇

37 开有益斋

开有益斋为清代藏书家朱绪曾的藏书处。

朱绪曾(？—1860)，字述之，号北山。诗人、学者。南京人。寓居嘉兴。道光二年(1822)举人，二十七年(1847)官至海宁州知事，迁嘉兴。嗜读书，无书不览，于《尔雅》用力尤深，咸丰年间以研经博物闻名东南。官浙时，获抄"文澜阁"藏书，每遇秘籍，即传抄，宋元人集得十之七八。故所藏宋元秘籍，多外间所罕见。所居"秦淮水榭"，建藏书处"开有益斋"，藏书十数万卷，多作校注，丹黄满纸，皆以精审称，藏书甲于江浙。

咸丰三年(1853)太平军攻至江宁，战火起，其家藏书多为火所焚。后又日夕搜集，整理编校和缀其残帙，所藏复以壮观。与劳格、蒋光煦、钱泰吉、吴骞等藏书家交往甚密，又从刘燕庭转抄古籍。撰《开有益斋读书志》六卷、续志一卷，仿《郡斋读书志》体例，而精校过之。曾历时三十年选周秦至清一千余人之诗，辑成《金陵诗征》九十二卷，去世后遗有手稿。陈作霖受其子朱桂模委托，与冯煦等35人发起募资，对其中清代部分进行编校、缮写、雕版，历时十年，至光绪十三年(1887)刻成《国朝金陵诗征》四十八卷。

所著《续棠阴比事》《开有益斋集》等已佚。今存有《昌国典咏》《北山集》《曹子建集考异》等。

开有益斋

边款：开有益斋为清代藏书家朱绪曾藏书之处。壬寅年十月初九，海盐管凌于望海楼。

《国朝金陵诗征》书影

38 安雅楼

安雅楼为清代藏书家唐翰题的藏书处,建于今嘉兴市南湖区新丰镇。

唐翰题(1816—1875),字子冰、蕉庵,号唯自勉斋主人等。嘉兴人,张廷济孙婿。藏书家、书画家、篆刻家。

咸丰年间,以廪贡生捐得青浦县训导,佐曾国藩戎幕,保以知县,留江苏。后任淮安同知,钦加三品官衔。因不满清廷腐败,数次上疏,无果。同治八年(1869),挥毫写下"丹心慷慨空余恨,墨迹淋漓欲化烟"诗句后,告病归乡。

唐翰题自幼起即有书癖,嗜金石书画,精鉴赏,收藏金石、书籍、碑板、名画甚富,所藏宋元版本尤多,时称"百宋千元之居"。归乡后,筑"安雅楼"藏书,专心著述。藏书五十四楮,计两万五千卷,尤多善本。唐翰题在《安雅楼藏书目录自序》中云:"益以吾家先世储藏,母氏遗留之未为劫灰者,庚申后游历所得者,凡为种一千八百有奇,为卷二万有奇。"据祝廷锡《竹林八圩志》云:"唐之收藏,在同光间实可甲于一郡也。"

唐翰题的藏书在道光年间,遭兵燹散佚,事定后重访所得,故有钤印"庚申以后所聚""庚申以后所得"。光绪初年,其书又散出。光绪四年(1878)四月十二,唐翰题自记云:"自我得之,自我失之,夫复何

安雅楼

边款:安雅楼。辛丑,管凌。

憾？"其后，唐翰题抄校旧椠，尽归海丰吴重熹。著有《说文臆说》《荀子校注》《唯自勉斋存稿》等。

藏书印有"嘉兴唐翰题庚申后所聚""五湖长印""唯自勉斋藏书记""翰题读过""翰题至宝""读书有福得书难""嘉兴新丰人唐翰题收藏印""子冰秘玩"等。

夏昶《竹泉春雨》卷首有唐翰题使用的"蕉池积雪之斋"一印

唐翰题自用印章。5.9厘米见方、高11厘米的双蟠龙钮寿山石印章。印文竖四行共十四字：嘉兴唐翰题藏书画金石文字之章

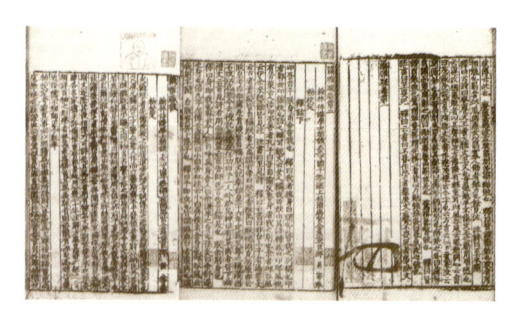

北宋邢昺所撰《尔雅疏》（日本静嘉堂藏本）有"嘉兴新丰乡人唐翰题收藏印"

30 寒松阁

寒松阁为清代画家张鸣珂的藏书处,建于今嘉兴市南湖区凤桥镇梅花洲石佛寺附近。

张鸣珂(1829—1908),原名国检,字公束、玉珊,晚号寒松老人、窳翁,别署细林山樵,嘉兴人。书画家、藏书家。咸丰十一年(1861)拔贡,官德兴知县、江西义宁知州,后入提督李朝斌幕。辞官后,晚年居嘉兴石佛寺(凤桥)镇。工词,喜吟咏,以婉丽著称。治小学,仅列前人之说,而不自为论断,间有按语,也颇为谨慎。性嗜书画,有《寒松阁谈艺琐录》六卷,广载清代道光以来书画家一百五十余人事迹,评论艺林作品,为研究清代艺术史重要参考资料。

喜藏书,藏书逾万卷,藏书处曰"寒松阁"。不仅藏书,还刻书。所藏多为初印本、原刻本、精印本、自抄本等。如清朱琰著《陶说》六卷二册,为白纸精刻初印本;《结一庐书目》一卷一册,为自抄本。编有《寒松阁书目》《寒松阁行箧书目》。

殁后,潘景郑自同邑黄钧家收得其手稿二十余册,手自删定,请名流点评,后因战火,手稿遗失。

著有《寒松阁题跋》《春柳唱和诗》《怀人诗》《寒松阁词》《说文佚字考》《国朝骈体正宗续编》《寒松阁诗》《寒松阁谈艺琐录》等。

藏书印有"张公束藏阅书""宝之""敩可斋"等。

寒松阁

边款:张鸣珂,字公束、玉珊,号寒松老人,别署细林山樵,嘉兴人。清书画家、藏书家。藏书处曰"寒松阁"。管凌作。

《寒松阁谈艺琐录》书影

40 兰味轩

兰味轩为清代藏书家庄祖基的藏书处。

庄祖基(1843—1890),字守斋,号印兆,别号兰味轩主。嘉兴人。藏书家。以军功出仕,官武宁、江宁、六合、上元等知县。喜收藏古籍,积宋元以来善本数万卷,筑藏书楼"兰味轩"贮之。晚年整日在书斋中钩校,昼夜不休。1934年,其孙庄泽宣将藏书二十七箱捐赠给浙江图书馆。时有《捐赠书目》一册,其中有明慎独斋刻本《文献通考》,明精刊《白孔六帖》《文章辨体》《陶学士文集》《念斋文集》等。

藏书印有"毗陵庄祖基守斋藏书印""秀水庄氏兰味轩收藏印""庄印兆印"等。

兰味轩

边款:兰味轩。壬寅夏,管凌作。

明刻本《文献通考》书影

41 海日楼

海日楼为近代学者沈曾植的藏书处。

沈曾植(1850—1922),字子培,号乙盦,晚号寐叟,别署余翁等。沈曾植字号极多,据《清人室名别号索引》统计,有六十一个。学者、诗人、书法家。先世居盐官。嘉兴人。祖父沈维鐈为清道光朝工部左侍郎,一生除积书外别无嗜好。斗室之内"排签插架,坐拥百城",还请人写了一副对联,即当年阮元为苏州藏书大家汪士钟书写的"种树乐培佳子弟,拥书权拜小诸侯",挂于书室之内。并立下规训:子孙不可一日不读书,且读书行善不可偏废。沈曾植是沈维鐈长子沈宗涵的次子,出生后不久,祖父与父亲相继辞世,日渐贫困的家境,无力聘请塾师,沈曾植兄弟四人遂由母亲韩夫人启蒙读书。清光绪六年(1880)中进士,历任刑部贵州司主事,迁员外郎,擢郎中,充总理衙门章京。光绪二十一年(1895),与康有为等开强学会于京师,主张维新。官至安徽提学使、布政使、巡抚等。光绪二十七年(1901)任上海南洋公学监督。他主张"中学为体,西学为用",钻研古今律令、刑法,被法学界推为当世律家第一。他博古通今,学贯中西,以"硕学通儒"蜚声中外,被誉为"中国大儒"。

沈曾植藏书始于三十岁考中进士踏上仕途之际。在皖五年,归居时唯携十万卷书,得肖穆敬止斋藏书最多。善本有宋刻本四种、元刻本五种,另有明刻本、影宋本、名人题跋本等。收有黄庭坚诗文集九个版本,均为世间罕传珍本,其中有些是清代翻刻的祖本,学术价值很高。他还收藏碑帖、书画。据《海日楼题跋》所录,宋

海日楼

边款:沈曾植,字子培,号乙盦,晚号寐叟等。近代书法家、学者、诗人、藏书家。海日楼为藏书之处。壬寅秋月,管凌作。

南湖、秀洲篇

拓本有二十余种,明拓本、名人题跋本较多。著名的有宋拓《淳化阁帖》,宋拓王羲之书《乐毅论》《黄庭经》,王献之书《洛神赋》等,均为传世名帖。

沈曾植的书法也颇有造诣。喜作草书、篆书,古奥遒丽,自成风格,时称"书中豪杰"。

宣统二年(1910),因病乞休,从此侨寓上海。寓所藏书斋曰"海日楼",另有"全拙斋""逊斋""潜究室""护德瓶斋"等藏书处。以遗老自居,埋首于故纸堆中,潜心校勘考证。将全部藏书汇编成书目,又将为善本书、名画、名帖撰写的题跋辑成《海日楼题跋》行世。其治学严谨博大,兼综汉宋,尤深于史学掌故,先治古今律令书,后专治辽、金、元三史及西北舆地、南洋地理,开辟前人未窥之新领域,与李慈铭齐名,有"沈李"之称。沈曾植作为清末学者型藏书家,其治学藏书相互辅佐,书籍勘订鉴别给后人留下了宝贵的财富。

沈曾植也是同光派的主要诗人。著有《海日楼诗》二卷、《逊斋诗钞》《曼陀罗呓词》等,被汪辟疆在《光宣诗坛点将录》中肯定。沈曾植编有《海日楼书目》一册,抄本。书名下注:"全目一至三十五号,乙丑(1925)沪寓钞。"并钤"慈护"印。是目依三十五箱著录,不分类,约千种。又有《海日楼行箧书目》。著有《海日楼元秘史补注》十三卷、《蒙古源流笺注》八卷、《元朝秘史笺注》十五卷、《海日楼诗》、《沈曾植文集》、《汉律辑补》、《海日楼札丛》、《海日楼诗文集》等四十余种。

藏书印甚丰,常用的有"沈曾植印""乙庵""寐翁""寐叟""东轩""逊斋居士""海日楼""踵息轩印""知一念即无量劫"等。

二十世纪五十年代,其子沈慈护将嘉兴故宅捐献给政府,并将其所遗文物分别捐赠给浙江省和嘉兴文物管理部门。沈曾植故居位于嘉兴城内姚家埭21号,其建筑至今保存完好,现为浙江省文物保护单位。

沈曾植像

42 省心斋

省心斋为清代藏书家戴光曾的藏书处，建于今嘉兴市南湖区甪里街附近。

戴光曾（生卒年不详），又名戴五，字松门，号谷原，嘉兴人。藏书家、书法家。嘉庆九年（1804）岁贡生，官至河工同知。少时家贫，与弟同精"八法"，腕力清劲，书法出入欧、虞，以画松闻名。能诗，善古文。生性耿介，不谙迎送往来之事，以明经藏书终老。建藏书处曰"从好斋"和"省心斋"。

戴光曾素喜藏书，颇多珍本。与黄丕烈、鲍廷博私交深厚，同嗜藏书。黄丕烈曾夜访其藏书楼，遍阅所藏书，作诗赠之。家藏抄本甚多，有宋叶梦得《石林居士建康集》、宋柴望《柴氏四隐集》、宋米芾《宝章待访录》、宋陈思《宝刻丛编》、宋王炎午《梅边集》、宋苏易简《文房四谱》、明李日华《味水轩日记》、清高士奇《元书画考》等。叶德辉评论曰："不独其钞本可珍，其手迹尤足贵。"题跋和校勘图书数十种。著有《从好斋诗集》等，辑有《墨表》上、下卷。

藏书印有"松门手书""嘉兴戴光曾鉴藏经籍书画印""嘉兴戴光曾鉴藏""从好斋书画印""从好""松门清赏""省心斋""松门审定"等。

省心斋

边款：省心斋。壬寅五月，管凌作。

嘉善篇

01 梅花庵

梅花庵为元代著名画家吴镇的藏书处,建于魏塘(今嘉善县花园路178号)。

吴镇(1280—1354),字仲圭,号梅沙弥、梅花道人。嘉善人,后移居嘉善魏塘。年少好剑术,深居简出。一生清贫,早年在村塾教书,后从柳天骥研习"天人性命之学",以卖卜为生。十八九岁开始学画,游历杭州、吴兴,饱览西湖、太湖风光。精书法,工诗文,擅画山水、墨竹、梅花。山水师法董源、巨然,兼取马远、夏圭,干湿笔兼用,尤擅带湿点苔。水墨苍莽,淋漓雄厚。喜作渔父图,有清旷野逸之趣,格调简率遒劲。与黄公望、倪瓒、王蒙并称为"元四家"。

至正七年(1347),吴镇侨寓春波门外(今嘉兴市城区)春波客舍,专攻墨竹。时与友人会于精严寺僧舍,心仪佛门,始自称"梅沙弥"。四年后回到魏塘。尤爱梅,因景仰宋代"梅妻鹤子"林和靖的孤高为人,在家宅四周遍植梅花,宅为"梅花庵",井呼"梅花泉",亭称"梅花亭",书斋亦曰"梅花庵"。因居处有橡林,又名"橡室"。藏书印有"嘉兴吴镇仲圭书画记""梅花庵"等。有《梅道人遗墨》《梅花庵稿》传世,系后人辑录其诗和题跋。

传吴镇本与盛懋比邻,四方以金帛求盛画者甚众,而吴之门阒然。妻颇鄙之,

梅花庵

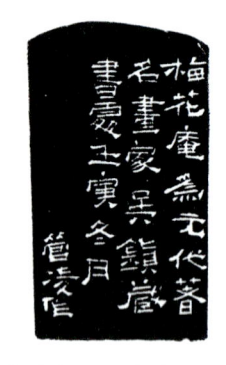

边款:梅花庵为元代著名画家吴镇藏书处。壬寅冬月,管凌作。

吴镇小像

（元）吴镇《渔父图》（局部，现藏于上海博物馆）

坐落于嘉善魏塘镇吴镇故居内的元代大画家吴镇墓。民国二十年（1931）春，张大千、黄宾虹等在古墓前合影（周向阳提供）

吴曰："二十年后不复尔。"后果如其言。吴殁前自选生墓，自书碑文："梅花和尚之塔。"墓在今梅花庵侧。

吴镇所绘作品无数，今存世墨迹有《仿东坡风竹图》（藏于美国佛瑞尔美术馆）、《双桧平远图》（藏于台北"故宫博物院"）、《渔父图》轴（藏于故宫博物院）、《渔父图》卷（藏于上海博物馆）、《长松图》轴（藏于南京博物院）、《草书心经》卷（藏于故宫博物院）等。其风竹刻石，陈列于嘉兴南湖烟雨楼，八竹碑及草书《心经》碑陈列于嘉善梅花庵。

吴镇故居于2021年被列入浙江省博物馆（纪念馆）名录。

02 桐村书屋

桐村书屋为明代学者周鼎的藏书处,建于西塘钱家浜(今嘉善县陶庄镇汾南村)。

周鼎(1401—1487),一名铸,字伯器、九鼎,号桐村,嘉善人。学者、藏书家、书画家。自幼聪敏过人,读书过目成诵,博通经史,工书法,尤以文学著名,作诗挥笔立就,其绝句独步江南。与陈舜俞、吴镇被誉为嘉善"三高士"。

明正统年间,参赞军务金忠辟为幕僚,征闽寇,从至福建。因功授沭阳典史。因岁饥为民请赈,忤当道,为王竑所恶,免官归里。后遨游三吴,卖文为生。八十多岁时,参修《杭州府志》,"灯下书蝇头字,界画乌阑,信手与目,不折纸为范,毫发不爽"(《列朝诗集小传》)。喜藏书,在钱家浜筑"桐村书屋""荷锄"等藏书处。有藏书印"周鼎伯器之章""周氏子孙保之"等。著有《桐村集》《疑舫集》《土苴集》等。

桐村书屋

边款:桐村书屋为明代周鼎藏书处。管凌作。

《土苴集》书影

03 丹丘书屋

丹丘书屋为明代书画家姚绶的藏书处,建于大云寺旁(今嘉善县大云寺景区)。

姚绶(1422—1492),字公绶,号谷庵、云东逸史,嘉善人。官员、书画家、藏书家。天顺八年(1464)进士。官至监察御史,奉命巡盐两淮,铲除积弊,受朝廷嘉奖。后因忤权贵谪永宁令,遂以母老辞归。返乡后,居嘉善大云寺。

姚绶承父志,继藏书,筑"丹丘(一曰丹东)书屋""东仙馆""玄同轩"等藏书处,人称"丹东先生"。成化十一年(1475)建厅堂数楹,名为今始堂,绕室种竹,啸咏其中。有藏书印"先世金陵""紫霞碧月山堂""姚氏藏书""兰台逸叟""紫霞沧州""古柱下史"等。著有《谷安集》《大易天人合旨》《谷庵词》《五大夫传》《云东集》《句曲外史小传》《五大夫传》《姚御史诗文》等。姚绶曾造游船一艘,名为"沧江虹月",时常载书画泛舟于吴越山水间,与友人吟诗论画。

姚绶善书画,工诗文。长山水竹石,宗法元人,受吴镇影响较深,承袭了杜琼、刘珏、谢缙等人的画风,堪称吴门派前期画家。诗赋优雅,行文流畅,下笔洋洋洒洒,千言不休。《明史·艺文志》、雍正《浙江通志·人物》有传。传世名作有《秋江渔隐图》轴(故宫博物院藏)、《三绝图册》《松荫醉翁》(上海博物馆藏)、《竹石图》轴(辽宁省博物馆藏)、行书《洛神赋》卷(上海博物馆藏)等。

丹丘书屋

边款:丹丘书屋为明代藏书家姚绶藏书处。管凌。

(明)姚绶《秋江渔隐图》轴(局部,现藏于故宫博物院)

04 山晓阁

山晓阁为清代藏书家孙琮的藏书处，建于枫泾南镇东港罗神庙桥东（今上海市金山区金圃宅第东南角）。

孙琮（1636—?），字执升，号寒巢，嘉善人。藏书家、文学家。诸生，以隐士自居。居清风泾。工诗歌，警句颇多。性喜藏书，在枫泾南镇东港筑藏书楼，名为"山晓阁"。园中乔木参云，皆数百年物。由秦松龄题额，藏书万余卷。《嘉善县志》载："藏书万卷，手不停披，每评选一书出，人争购之。"有诗赞其曰："藏书万卷好清吟，评点雄文气韵深。谁料当年山晓阁，闭门终不负初心。"著有《山晓阁诗文集》十二卷附《山晓阁词》一卷，今存仅十之二三；有《山晓阁公羊穀梁传选》二卷，嘉善县图书馆有藏；《山晓阁选明文全集》目次一册，现藏于上海金山图书馆。

朱彝尊与之相友善，曾多次赴枫泾看望他，并给"山晓阁"写了一副很有名的楹联："不设藩篱，恐风月被他拘束；大开户牖，放江山入我襟怀。"晚年游览名山水，所至一处，"悉发于题咏"。颇有隐士风味。

山晓阁

边款：山晓阁为清代孙琮藏书处。壬寅，管凌。

《重刊山晓阁古文全集》书影　《山晓阁诗》书影

05 杉泉书屋

杉泉书屋为清代藏书家徐善建的藏书处。

徐善建(1649—1725),字孝标,人称杉泉先生,嘉善人。学者、藏书家。康熙年间贡生,从陆陇其学,究心《周易》及"宋五子"(周敦颐、程颢、程颐、邵雍、张载)著述,为其师参订《读礼志疑》。教人先读《小学》字义诸书,谓读书先识体段,方可入精微处,学者多师事之。

嗜好藏书,藏书处曰"杉泉书屋",分东西峙两楼,分类贮书籍、字画、碑版,所藏甚富。日与名流后生登楼纵观讲学。但设有禁律,子孙亦不能携书屋藏书以出。

杉泉书屋

边款:杉泉书屋。清代藏书家徐善建藏书处。壬寅春,管凌作。

(清)徐本润《杉泉书屋图》

06 幻不壬屋

幻不壬屋

边款：幻不壬屋为清代藏家曹庭栋藏书处。壬寅，管凌。

幻不壬屋为清代藏书家曹庭栋的藏书处，建于慈山（今嘉善第一中学内）。

曹庭栋（1699—1785），字楷人，号六圃，自号慈山居士，嘉善魏塘人。诗人、书画家、藏书家。曹庭栋出身于嘉善名门望族，少时好学，精于诗文。乾隆六年（1741）举人。生性淡泊，独喜宁静。中年后绝意进取，举孝廉不就。所居累土为山，山上建亭台，山下有一泓清溪，名"慈山"，环植花木，弹琴赋诗、绘梅兰竹石、摹篆隶以自娱。性喜藏书，搜集遗佚甚勤。筑藏书处曰"幻不壬屋""二六草堂"。藏书印有"曹庭栋""六圃"等。

曹庭栋自言二十二岁学写兰石，至六十七岁始画墨竹。六十以后杜门著述，绘事之外，弹琴、赋诗、摹写篆隶，以抒寂寥。《嘉善县志》记载："其所作书画、行书近文徵明，草书则在文徵明与祝允明之间；所画兰竹隽逸潇洒，似郑思肖。"足见其书画造诣之高。

尝以吴之振所辑《宋诗钞》漏略甚多，且刊刻未竟，或有目无书，因此搜采遗佚，编成《宋百家诗存》二十八卷。平生最爱贺铸诗，在百家中推为第一，故其所作亦似宋人。著有《易准》四卷、《孝经通释》十卷、《逸语》十卷、《老老恒言》五卷、《琴学》内外篇各一卷、《昏礼通考》二十四卷、《产鹤亭诗集》九卷，均为《四库全书》存目。另著有《永宇溪庄识略》六卷首一卷、《魏塘纪胜》。

07 安雅堂与望云楼

安雅堂

望云楼

边款：安雅堂。清代谢墉藏书之处。壬寅，管凌。

边款：望云楼。壬寅春月，管凌作。

安雅堂与望云楼分别为清代藏书家谢墉、谢恭铭父子的藏书处，建于枫泾南镇东港（今上海市金山区金圃宅第）私家园林中。

谢墉（1719—1795），字昆城，号东墅、金圃，别署听钟居士，嘉善人。儒学家、画家、藏书家。乾隆十七年（1752）进士。历官内阁中书、工部侍郎、江苏学政等。少颖异，条贯经史，旁通百家诗文，以汉唐为宗。喜好藏书、刻书、著述，筑"安雅堂"藏书处。曾藏有明刊《铁崖文集》、乾隆年间刊大字本《金薤琳琅》二十卷，甚精。刻有《荀子》二十卷、《校勘补遗》一卷，上海图书馆、天津图书馆、浙江图书馆均有藏。藏书印有"谢墉印""东墅""枫桥谢墉""听钟居士""东墅审定"等。著有《书说正说》《听钟山房集》《安雅堂诗文集》等。

谢恭铭（生卒年不详），字寿绅，号若农，谢墉次子。文学家、书法家、藏书家。乾隆五十二年（1787）进士，授内阁中书、

嘉善篇

嘉兴历代藏书楼

(清)谢恭铭《望云楼集帖》拓片

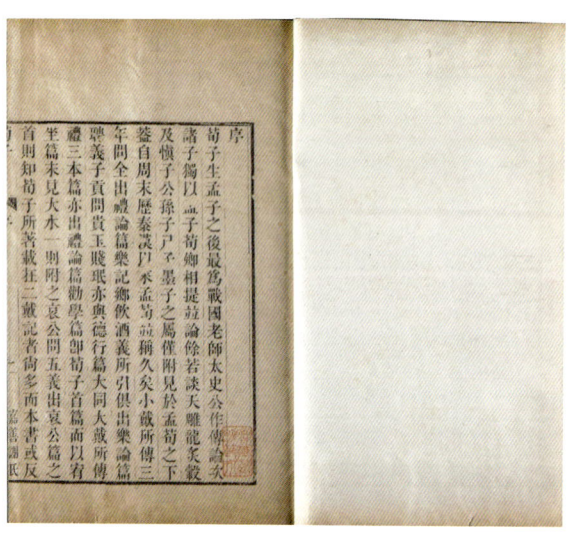

《荀子》二十卷·补遗二十卷，一函六册，杨倞注、刘文奎刻，清乾隆五十一年(1786)嘉善谢墉安雅堂刻本

文渊阁检校等职。谢恭铭为人淡泊，厌倦官场尔虞我诈，后乞假归里，于书楼度余年，博收名人遗迹，为儒林高士。子孙受其影响，均好学有成，或以文名著，或以军功显，不辱家风。谢恭铭秉承父志聚书，筑"望云楼"藏书处。其藏书向邑内士子开放，受益者良多。时在谢家坐馆的平湖籍藏书家朱为弼，因遍阅谢氏家藏，学识益长，后中进士。谢恭铭丰富的皮藏和慷慨之为人也成了书林佳话。

谢恭铭亦善书，曾摹刻历代书家墨宝，汇有《望云楼集帖》。此帖刻印精良，时人极为推崇。

08 淞笠斋

淞笠斋为清代藏书家程维岳的藏书处，建于朱泾（今上海金山区朱泾镇龙渊里，时属嘉善）。

程维岳（1749—?），字申伯，号爱庐，嘉善枫泾人。学者、藏书家。父亲程国珍，善绘事。因程国祥（程国珍兄）早逝、无子，程维岳继为程国祥嗣子，此后寓居朱泾（户籍仍为枫泾南镇，时属嘉善）。

程维岳自幼师从学者钱香树，少时以诗文在同龄人中崭露头角。乾隆四十五年（1780）中进士，历任礼部郎中、监察御史等职。改任万寿盛典馆提调，兼方略馆总纂。先后参与编纂《盛京通志》《南巡盛典》和《萨拉尔纪略》《台湾纪略》《巴勒布纪略》等。后因父亲病故而辞职返乡，不复出。

程维岳返乡后，在朱泾的私家园林"寄闲别墅"中，筑"淞笠斋"藏书处。喜藏书，藏书甚富。据光绪《金山县志》载："购书二万卷，日渔猎其间。"园林名胜诸多，溪水环流，花木昌盛，风景宜人。晚年与书为伴，著书立说，著有《淞笠斋诗墨》《大梁书院试帖》《东林课艺》《观我阁古文事类撮华》《明贤遗翰》《唐诗汇选》《国朝试律类钞》《历朝诗分类》等。

淞笠斋在江浙一带享有盛名，曾有诗赞其曰："历尽内廷修史艰，弃官讲学自悠闲。藏书满阁无余隙，淞笠驰名江浙间。"

淞笠斋

边款：淞笠斋为清代程维岳藏书之处。管凌作。

《清代官员履历档案全编》中程维岳相关介绍

09 灵芬馆

灵芬馆为清代学者郭麐的藏书处,建于嘉善东门。

郭麐(1767—1831),字祥伯,号频伽、邃庵居士等。江苏吴江人,后迁居嘉善。少有神童之称。乾隆四十七年(1782)补诸生。乾隆六十年(1795)科举不第,遂绝意仕途。专研诗文、书画。嘉庆九年(1804)讲学蕺山书院。喜交游,与袁枚友好。曾从姚鼐问学,尤为阮元所赏识。工词章,善篆刻。擅画竹石,好饮酒,醉后画竹石为一绝。书学黄庭坚。晚年迁嘉善县东门居,潜心读书、著述。筑"灵芬馆"藏书处。有藏书印"郭麐之印""老复丁庵"等。著有《灵芬馆诗集》《灵芬馆杂著》《唐文粹补遗》《蘅梦词》《浮眉楼词》《忏余绮语》等。

灵芬馆

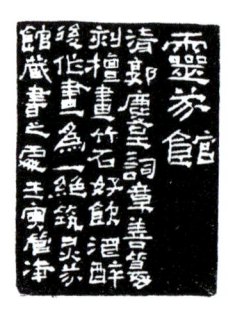

边款:灵芬馆。清郭麐,工词章,善篆刻,擅画竹石,好饮酒,醉后作画为一绝。筑灵芬馆藏书之处。壬寅,管凌。

(清)郭麐跋郑思肖(传)《墨竹图》(现藏于美国弗利尔美术馆)

10 有真益堂

有真益堂为清代文学家黄安涛的藏书处。

黄安涛(1777—1847),字霁青,号凝舆,晚号葵衣老人,嘉善魏塘人。文学家、诗人、藏书家。嘉庆十四年(1809)进士,改庶吉士,授编修,道光年间历任广东高州、潮州知府。曾主鸳鸯书院讲席。在京期间,曾购纪晓岚的半间住房。这座旧宅原为雍正时岳钟琪(乾隆时封威信公)故宅,后卖给纪家,纪晓岚在十一岁时就搬至此居住,前后长达六十余年。黄安涛在《真有益斋文编》中称:"癸酉(嘉庆十八年,1813年)秋仲,始偕舍人曾君崑圃僦屋宣武门外虎坊桥侧,屋为前大宗伯纪文达公故居……文达裔孙割半见赁。"黄安涛在此居住多久,后归属又怎么变更,均无文献可考。但其在1843年《东庄读书图赋并序》一文中回忆云,嘉庆九年(1804),他偕姐夫钟溎与其再从孙汪洋杰及舍弟庆澄,读书其中,八月而罢,曾绘图纪事。

黄安涛工诗,精医,富藏书、著述。归里后,筑"有真益堂"藏书处。著有《诗娱室诗集》二十四卷、《真有益斋文编》十卷、《说经中义》一百卷、《慰托集》十六卷、《岭南从政录》、《权济录》等十余种。

黄安涛还是清代戏曲家黄燮清父亲的朋友。道光二十六年(1846)三月,黄安涛与黄燮清同游上海。适蕙兰盛开,都人士各出佳种,陈列邑庙之豫园,名"兰花会"。黄安涛有八绝纪事,黄燮清亦继作。《淞南梦影录》卷二述兰花会事甚详:"每岁二三月,豫园有兰花会。湘江佳种,罗列满堂,别其种类,品其高低。其花有老干、新干之分,梅瓣、荷瓣、水仙瓣之别。盆上各粘红签,书花主人名姓,其有得居首座者,同人咸啧啧称为状元。如是者凡三日……"黄安涛有弟黄若济(子未),携蕙草一盆赴会,意其嘉种也,及破萼,则亦凡品。黄安涛作诗嘲之云:"胡然一萼坼,依旧堕恶趣。"

有真益堂

边款:有真益堂。壬寅夏,管凌刻。

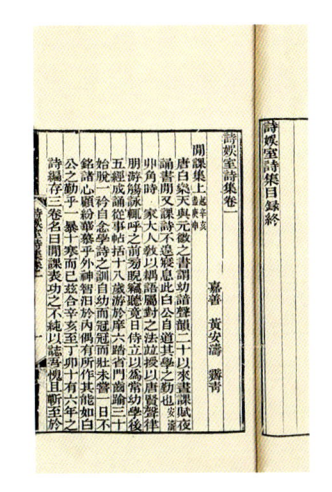

《诗娱室诗集》书影

11 心香阁

心香阁为清代藏家郁鼎钟的藏书处。

郁鼎钟（生卒年不详），字声金，号彝斋，嘉善西塘人。藏书家。道光六年（1826）进士。官江西宁远、泰和县令。曾主讲赣州阳明书院。好藏书，藏书甚多。筑藏书处曰"心香阁"。著有《平川旧闻》《心香阁诗钞》《闻旧识余》《校补袁氏纪年类编》《彝斋文集》等，辑有《平川诗征》。

郁鼎钟曾作有《反游仙诗》，后其子郁洪谟手录，卷前有郁鼎钟小传，录自《新修嘉兴府志》，卷后有郁洪谟跋语一则。以郁氏父子存世资料甚稀，兼述及此书因缘甚详，故录跋语全文："右《反游仙诗》全帙，先君子捷南宫后，游踪所历，随时感意之作也。后乃手自编次，详加注释，存四十首，余悉从删。溯自癸丑春间，祖居后圃之陶后庐小梦伽罗室，不戒于火，先君子生平之著作毁焉。所可惜者，裒辑《平川诗征》已数十卷，未及成编，从各旧家借抄镇上先哲诗集，咸遭一炬，连副本无存，尤为一生憾事。晚年虽亲加眴写，存什一于千百，重以庚辛兵燹，家藏之书不下万卷，悉散帙荡然无存矣。此帙乃手授洪谟，命参校。藏之书箧，手泽犹新，乃将四十首及删余之作，一并抄录，以存吉光片羽云。男洪谟谨识。"以此跋语可知，郁氏父子当年曾藏书不下万卷，却一毁于失火，再毁于兵燹，藏书之事，焉能不如履薄冰哉！然即便是如履薄冰，亦难保其完卵，读之令人戚戚焉。

心香阁

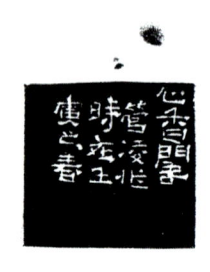

边款：心香阁。管凌作，时在壬寅之春。

郁洪谟抄本《反游仙诗》中的郁鼎钟小传

12 瓶庐与茹古楼

瓶 庐

茹古楼

边款：瓶庐。清程廷献藏书
之处。壬寅，管凌作。

边款：茹古楼。壬寅，
管凌。

瓶庐与茹古楼为清代藏书家程廷献、程文荣父子的藏书处，先建于枫泾瓶麓，后迁南阳村（今上海金山区枫景家园朱枫公路西侧）。

程廷献（？—1835），字书城，号拥岩，嘉善人，居枫泾瓶麓。藏书家。青年时中举，无意仕途，始辑佚《帝王世纪》《三辅决录》《字林》等十余种。喜购书藏书，积书甚富，藏书处曰"瓶庐"。曾得旧抄《北堂书钞》，大喜，即与海虞（常熟）陈氏校补异同。以藏书籍和碑帖闻名一时。曾为清藏书家钱熙祚校雠《守山阁丛书》。

程文荣（？—1853），字鱼石，号兰川、南村，程廷献之子。后移居南阳村。清书法家、金石学家。官江宁府北捕通判。酷嗜金石文字及宋元椠本。熟于目录之学。承其父藏书，藏书甚富，筑"茹古楼"藏书处。此处三面环水，环境优雅；旁有百年

(清)程文荣书法墨迹

古树数株,四时花木,临池绿竹,颇有泉石之胜。自汉唐《艺文》、《隋书·经籍》、陈氏《书录》、晁氏《读书志》,于各家著录、卷数,悉能缕指。著有《江宁金石志补》《嘉兴府金石志》《钟鼎校误》《绛帖考》《南村帖考》,辑有《隶续补》。以富宋拓碑帖收藏名重一时。所藏《钟鼎款识》孤本,常以自随。张鉴为其《瓶麓读书图》题诗句曰:"钿轴牙签万余卷,井眉大好诗书庐。"又为其《南阳村图》题诗云:"汗牛经史万卷富,充箱金石千番屯。日长无事坐花下,欧赵洪薛殊断断。"李富孙题诗云:"锦缥牙签罗万轴,金薤琳琅灿溢目。博搜群籍富储藏,暇披图画香芬馥。"咸丰三年(1853)二月,太平军攻克江宁,殉难而死。卒后,珍庋均毁于兵。

13 信美堂

信美堂为清代学者钟文烝的藏书处，建于嘉善县魏塘镇。

钟文烝(1818—1877)，字殿才、子勤，号伯嫩、伯美，嘉善魏塘人。学者。自幼禀赋特异，精通文字学，十二岁邑试中第一。道光二十六年(1846)举人，选知县未成，绝意仕进，专事著述。同治初，应江苏忠义局聘，与长洲陈奂、平湖顾广誉诸人同任编纂。主讲敬业书院十二年。

钟文烝嗜藏书，喜刻书。藏书处为"信美堂"，亦称"信美室"或"信斋"。所藏多善本，如元刊本《古今韵会举要》，钞本《逸周书》等。藏书印有"钟印文烝""伯嫩""伯美""子勤""魏塘钟氏信美斋庚申以后所得书"等。少年时就撰有《论语序说详正》《乡党集说备考》《河图洛书说》各一卷。同治二年(1863)后，手自雠勘存者有《乙闰录》四卷、《新定鲁论语》二十篇。于学无所不通，崇尚经学，究心《春秋榖梁传》，认为晋时范宁及唐代杨士勋所疏，于底本无所发明，沉潜反复二十余年，成书《春秋榖梁经传补注》二十四卷，于光绪二年(1876)刻之。又刻有自著《卷首》一卷、《卷末》一卷。另著有《信美室集》一卷。

信美堂

边款：信美堂。钟氏文烝嗜藏书、喜刻书。藏书处为信美堂。壬寅八月朔，管凌作。

14 惜阴书屋

惜阴书屋为清代医学家吴炳的藏书处，建于嘉善县城内。

吴炳（1828—1884），字云峰，嘉善人。医学家。光绪《嘉善县志》称其"少聪颖，家贫勤学，不屑屑于章句，凡壬遁、天文、兵法家言，靡不究心，昕夕手录"。淡于名利，为人振奇磊落。早年潜心于《易经》，顾福仁在《证治心得序》中言其"年十五好治《易》"。后弃而从医。负笈从游于七汇（青浦）张希白门下，尽得其传。出师后数载，业日进，遂医道大行，名噪一时。擅长内科杂症，每应手辄效。其治病不论富贵贫贱皆悉心视之，户外履满。贫病乞诊者不取其酬，且赠之于药。岁暮必筹钱采絮衣给之，深得当地乡民敬仰。

喜藏书，筑藏书处"惜阴书屋"。二十载手不释卷，探幽索微，上穷《灵》《素》，下极明清，融古今，贯百家，著有《证治心得》十二卷，寒暑不怠，三易其稿，终成书于光绪二年（1876），又《证治集腋》十二卷；刻有《国朝五家咏史诗钞》等。

惜阴书屋

边款：惜阴书屋为清代医学家、藏书家吴炳藏书处。壬寅腊月初八，海盐管凌刻。

《医案集腋》书影

15 听涛轩

听涛轩为民国教育家胡兆焕的藏书处，在西街计家街口（今嘉善县西塘景区内）。

胡兆焕（1880—1955），字梦朱、梦末，号蒙子，嘉善西塘人。居西塘镇西街计家街口。教育家，南社社员。清光绪二十五年（1899）秀才，后入上海师范学堂、江苏省立法政专科学校学习。历任江苏金山师范讲习所所长、浙江省立中学学监、上海浦东中学学监、嘉善县立初级中学首任校长、浙江省教育厅秘书等职。后被聘为嘉善县修志馆馆长、浙江省文史研究馆馆员。

胡兆焕生平好藏书，书斋名曰"听涛轩"，藏书二万余册，多佛经及佛学书籍。撰有《张氏二先生集序》《印光大师圆寂感语》等。

胡兆焕卒后，藏书于1962年被家人出售。

听涛轩

边款：听涛轩。民国教学家胡兆焕藏书之处。壬寅，管凌。

16 奎公楼

奎公楼为民国藏书家张天方的藏书处,在盐典埭7号(今嘉善县南门大街)。

张天方(1887—1966),名凤,字天方,以字行,嘉善魏塘人。藏书家。出身书香世家,祖父张少泉、父张星奎均为私塾老师。十二岁时就读于吴江柳氏私塾,与柳亚子同窗,极为投契。十七岁中秀才,十九岁考入上海震旦学院预科,学法文。后公费赴法国巴黎大学研究院就读,获博士学位。归国后历任国立暨南大学教授、教务长等职。中华人民共和国成立后任杭州大学教授。1960年被聘为浙江省文史研究馆馆员。

张天方熟经史,嗜古物,精鉴赏,尤爱藏书。庋藏颇富。藏书处名曰"奎公楼",以纪念其父。著有《汉晋西陲木简汇编》《甲骨刻辞考异补释》等,出版法文译作《孔雀东南飞》《中国诗坛近况》,其中《孔雀东南飞》是第一次被译成法文并在法国出版。收乡邦文献甚富,藏书达数万卷。在沪时,常访古玩旧书店,收藏甲骨、古钱、青铜器、古玉器等,在甲骨文研究方面有"南张"之誉。有藏室名曰"真不好斋",寓意东西不一定为好,但真。

张天方亦嗜好古砖,如"天墨砖砚""南中古砖""川汉古砖""钱纹砖"等,对古砖图形文字研究颇深,常把所藏古砖图文制

奎公楼

边款:奎公楼,民国张天方藏书之处。壬寅夏,管凌。

成拓本,书以释文,风雅之致。

张天方收藏之散佚,在其五十四岁生日家书中有记载:"少时所藏古钱(刀币、五铢为多)、古印(秦汉玺印至清名人印)、古镜(汉魏六朝唐宋)之室,名曰好富贵美人室。城池失陷时,新建奎公书楼内,楗书三万六千册,狼藉不可响迩。训字太君古库物内,空无一物。所藏殷商甲骨三百余片。石器数十事。三代铜器有铭者五六

事,无字者十余事。矢镞数千。铜兵器、车马饰、工具、杂器不计。汉晋木简幸已出版,底本已毁。汉封泥三百余事。北朝铜石造像五六事。唐人写经两卷有零。碑板、字帖、砚石十百千计。以及埃及甲虫印五十余事。土木俑五十余事。小古件五十余事。罗马古物四五事等。卅年积蓄,一旦沦亡。又汉晋砖,清仪阁藏砖五六十事。杭州包家山唐张夫人砖志。苏州匠门外晋稿葬砖,物重难移,一一椎碎,最为不解。闻敌人初到时,按时按日派定三人,每日上下午到家搜罗,计及六日之久,后为土匪所劫。数世衣箧细软,全丧。"可见藏品之一斑。

张天方珍藏在战争中毁于一旦,为此其几乎精神失常。后经长时间积累,至1949年前后又有不少。1966年,家人遵守张天方遗志,将大部分藏书、文物、字画捐赠给浙江图书馆和浙江省博物馆,部分家藏文物、书籍赠嘉善县文化馆和嘉善博物馆。

张天方书甲骨文对联

张天方捐赠给浙江省博物馆的石斧

《汉晋西陲木简汇编》书影

17 舍北草堂

舍北草堂为民国藏书家江树棻的藏书处，建于嘉善县西塘镇塔湾街江家弄。

江树棻（1892—1962），字雪脘，号勖庵、桐村雪子等，嘉善西塘人。藏书家，南社社员。嘉兴府中学堂毕业后，创办西塘私立国民昭华高等女校，热心地方文教，声誉卓著。柳亚子闻其名，邀请入南社。工书法，能篆刻，善诗词。喜收藏古籍、书画，有藏书四千余册，所藏集部为多，有清初写刻本数百册。设藏书斋曰"舍北草堂"。著有《舍北草堂诗》《三两寠斋词》《闻樨馆杂缀》等。

1925年，效法南社，以研究文学、砥砺道德为宗旨，集三十余人成立胥社，并任会长。刊《胥社丛刊》，分《文选》《词选》《诗选》三辑。1935年，又与余十眉、沈禹钟、蔡韶声等发起成立平川金石书画研究社，为会长。次年，江树棻应上海商务印书馆之聘担任古文学编辑，举家迁往上海。江树棻在上海常与书法家沈尹默、白蕉、邓散木，画家吴湖帆等交游。后来沈尹默和白蕉分别为其《舍北草堂诗》和《三两寠斋词》题写了封面和扉页。邓散木曾作诗赠与江树棻，江树棻依原韵作和，其中有"不多气类关香草，能助神思亦慧珠，美意深同前夕酒，亚形珍比旧藏瓠"之佳句，令人咏叹不已。后被聘为嘉善县修志馆编纂。

舍北草堂

边款：舍北草堂为民国藏书家江树棻藏书之处。壬寅三月，管凌作于忘机斋。

江树棻像

平湖篇

01 南村书堆

南村书堆为元代藏书家张纮的藏书处，在当湖城南(今平湖市东湖景区内)。

张纮（生卒年不详），号南村，平湖人。藏书家。家世业儒，故多书籍，元至正年间，在当湖城南百步处筑舍为诵读藏书之处，名"南村书堆"，亦称"南村书屋"。藏书甚富，达万卷。

《湖上读书堆六先生会记》中记载，明嘉靖癸丑（1553）有罗念庵与梅林、荆川、黄州、龙溪、武林的六位名士会于当湖，纵观东湖之胜，在"湖上读书堆"讨论"格物致知"，探究事物之道理，是历史上一次很有名的学术聚会。明代李东阳《平湖十咏，为过郎中太仆作·南村书堆》诗曰："南村书屋书满车，南村书声声满家。读书不作村学究，身为郎官印如斗。如今只合称书乡，不独书堆人姓张。"反映了当时平湖读书风气盛行。沈懋嘉则有诗云："张家堆上屋层层，闻说当年万卷称。扇扇碧纱窗影乱，为郎深夜剪书灯。"说明张家藏书万卷，屋宇较多。但到了清代光绪年间，"南村书堆"已经衰落，高廷梅有诗为证："书堆遗迹已荒凉，闻说读书人姓张，欲向南村买屋住，愿郎书味也深长。"怀念与向往之情跃然纸上。

"南村书堆"于2003年在原址复建，新建的景区有十杉亭，四角重檐，古朴典雅，可览东湖之胜，引思古之幽情。现为平湖"东湖八景"之一。

南村书堆

边款：张纮，号南村，平湖人。元藏书家。至正年间在城南百步处筑舍为南村书堆，亦称南村书屋，藏书甚富，达万卷。戊戌春三月，管凌刻记。

07 直方堂

直方堂为明代藏书家沈懋孝的藏书处，在石庄（今新埭镇兴旺村）。

沈懋孝（1537—1612），字幼真，号晴峰，沈宏光子，平湖人。文学家、书法家、藏书家。隆庆二年（1568）进士。授编修，改庶吉士，任南京国子司业、两淮盐运司判官，起河南巡抚，未任。致仕返归故里，退居淇林之上，授徒讲学。嗜藏书，筑藏书楼为"直方堂"，拥书万卷。编有《平湖沈氏书目》一卷。晚年家产破败，庭户萧然。然每日拥书万卷，丹黄朱笔其间，寒暑不辍，故学问博洽，当时无比。人称"长水先生"。著有《淇林雅咏》十卷、《洛诵编》二卷、《水云绪编》三卷、《贲园草》四卷、《四余编》三卷、《石林赘草》三卷、《长水集》三十四卷、《类苑总目》八十卷、《文林合璧》十卷、《周易程朱传义笺》、《周易四圣象辞》、《滴露轩藏稿》、《周易博议》、《导引图诀》、《沈太史文钞》等。

沈懋孝工书法，《行草书大字典》（上海有正书局出版）、《中文大辞典》（台湾"中国文化研究所"出版）及日本出版的《六体字源》均收录其字迹。

沈瑞钟，沈懋孝子，明诗人、学者。承父志，亦好藏书，藏书甚富。著有《广昌筌》四卷。

直方堂

边款：直方堂。明代藏书家沈懋孝藏书处。戊戌二月，管凌。

《四库全书》编录沈懋孝著述

03 得月楼

得月楼为明代藏书家马维铭的藏书处，建于东湖边。

马维铭（1556—？），字弘衢，号新甫、羼提生，平湖人。藏书家马千里子，马维铉弟，马德澧嗣父。万历八年（1580）进士。任太平县令，官至兵部职方司主事。

马维铭承父志，喜藏书。归里后在东湖畔筑"得月楼"藏书，书室曰"衢原草堂""牧圃"，以读书、藏书、著述为娱。万历二十四年（1596）刻印自撰《史书纂略》二百二十卷、《经略朝鲜疏》、《池塘草》；万历二十八年（1600）刻印自编《广文选》二十五卷、《诗选》八卷。著有《宋史列传》十八卷、《羼提编》、《得月楼诗草》、《詹詹稿》等。

得月楼

边款：得月楼为明代马维铭藏书处。癸巳一月初五，西泠印人管凌作。

《史书纂略》，万历四十三年（1615）刻本（影印本，平湖图书馆提供）

04 耘庐

耘庐为明代藏书家冯洪业的藏书处,建于平湖北门外(今平湖市钟埭街道花园村)。

冯洪业(1584—1661),又名耘庐,字茂远,号兼山、耘庐主人、当湖学人,平湖人。冯汝弼之曾孙、冯敏功之孙、冯伯礼之子。学者、藏书家。万历四十三年(1615)举人。冯洪业是位孝子,"父伯礼客死,徒跣奔丧。家失火,母楼居,负出烈焰中,鬓发俱焦",故朝廷赐予"孝廉"之誉。

冯洪业喜藏书,在县治西建"传书阁",阁之左有"万卷楼"。曾集古今文献,分类辑为《日耘庐汇笺》,计千余卷,可称得上嘉兴历史上最宏富的著述。

冯洪业当湖北郊的别墅曰"耘庐"。清光绪《平湖县志》记载:"耘庐,在北门外七里,明孝廉冯洪业筑。国朝属御史陆光旭,题曰桂山堂。其后侍郎高士奇得之,改曰北墅,久废。"面积达三百亩,疏池植林,园中林木苍翠,筑有亭阁百十间,引水环之,堪称明清嘉兴第一私家园林。冯洪业每日埋首著述,著作颇丰。著有《百六十吟》《睡庵六书》《易羡》。崇祯丁丑(1637)曾为《净慈要语》跋。刻印过唐玄奘译《大乘大集地藏十轮经》十卷、《佛说大方广十轮经》八卷等佛经。

耘 庐

边款:耘庐为明代藏书家冯洪业藏书之处。己亥,管凌。

冯洪业好读书藏书,亦好神仙之道,"长身鹤立,眉目如画,披氅衣,冠晋巾,遇之者如神仙中人"。盛枫《嘉禾征献录》写他"性不乐仕而慕升举,谓神仙可学而至"。沈季友《槜李诗系》说他"生平精心释典,镌大部梵经藏于径山。晚年犹信养生家言,以为神仙可致"。

05 贲趾山房

贲趾山房为明末清初学者陆启浤的藏书处。

陆启浤(1590—1648),字叔度、山翁,后更名遁,平湖人。学者、诗人、藏书家。少时聪明好学,读书过目成诵,十岁能作古文辞,弱冠之年即已"博极经史"。谈古论今,性情豪放。早年曾游历南京,留下"悬金购荷"的风流佳话。喜交朋友,作诗唱和,沈季友说他"倜傥负奇,通轻侠,类河朔壮士,好谈论古今成败,知边塞事,扣之缩缩不可穷也"。客燕京二十年,交满长安,诗名誉京师,然终不遇。

陆启浤自燕京归后甚贫,与陆芝房、赵退之、冯茂远、孙弘祖等嘉兴一带的文人结过诗社。喜藏书,藏书处为"贲趾山房"。陆启浤在斋中自题曰:"天生我才必有用,黄金散尽还复来。"有藏书印"陆印启浤""一名遁""象山之裔""韬士""一字韬士"等。

陆启浤一生勤于笔耕,著述颇丰。著有《贲趾山房诗文集》一百卷、《读史》十部四十卷、《经世谱》八卷、《太元测》一卷、《射诀》一卷、《客燕杂记》和《北京岁华记》等多种。

贲趾山房

边款:贲趾山房为明代陆启浤藏书之处。己亥冬,管凌作。

06 放鹇亭

放鹇亭为清初藏书家李延昰的藏书处，建于西门外饭箩浜（今平湖市城西白马湖公园）。

李延昰（1627—1697），初名彦贞，字我生、期叔、辰山，号寒村，晚号西园老人，平湖人。名医、藏书家。师从同郡徐孚远，为高第弟子。在平湖西门外饭箩浜隐居，精于医术，远近闻名。李延昰熟于典故，时逢战乱，流寓平湖西宫道院30余年。喜藏书，研医术，凡病者所付报酬，悉数买书。搜罗多明季史料，藏书甚富，筑藏书处为"放鹇亭"，聚书五十柜。坐卧书楼，图书环室。每日埋首读书、著述。著有《药品化义》《医学口诀》《脉诀汇辨》《痘疹全书》《明季殉难诸公及诸镇列传》《证人录》《甲申因话录》等。李延昰与朱彝尊为密友，康熙三十六年（1697），朱彝尊至平湖，李延昰将所著《南吴旧话录》《放鹇亭集》赠送，又赠送藏书两千五百卷，足见李延昰与朱彝尊友情之深厚。

南溪知县徐志鼎在放鹇亭遗址建"鸥边吟舫"，有诗曰："千金散不尽，亭筑汉塘滨。天地皆知己，生涯自绝尘。藏书宁论世，卖药更长贫。皎洁明如璧，清涟间百蘋。"

放鹇亭

边款：放鹇亭为清代藏书家李延昰藏书处。己亥秋八月，管凌作于忘机斋。

07 三鱼堂

三鱼堂为清代学者陆陇其的藏书处，建于泖口村（今平湖市新埭镇泖口村）。

陆陇其（1630—1693），原名龙其，谱名世穮，字稼书，平湖人。学者、藏书家。康熙九年（1670）进士，历官江南嘉定、直隶灵寿知县，四川道监察御史等，时称循吏。任上多有政绩，深受民众爱戴。为官清廉，是家喻户晓的清官，被誉为"天下第一清廉"。《清史稿》有其传，曰："去官日，惟图书数卷及其妻织机一具，民爱之比于父母。"后弃官归里，讲学洞庭东山。于东泖顾书堆建尔安书院，专心著述，各地学者群聚门下。

陆陇其学术专宗朱熹，被清廷誉为"本朝理学儒臣第一"，与陆世仪并称"二陆"。建有"三鱼堂"藏书处，有《三鱼堂书目》存世。书目中著录藏书五百余种，间有旧本和抄本。陆陇其一生嗜书，读书、著述不断。著有《读礼志疑》六卷、《四书讲义困勉录》三十七卷、《松阳讲义》十二卷、《松阳钞存》二卷、《战国策去毒》二卷、《读朱随笔》四卷、《剩言》十二卷（附《陆清献公年谱》）、《三鱼堂文集》十二卷（《外集》六卷、《附录》一卷）、《续困勉录》六卷、《问学录》四卷、《古文尚书考》一卷、《三鱼堂四书大全》四十卷、《陆清献公治嘉格言》、《陆清献公日记》等。

三鱼堂

边款：陆陇其，字稼书，号世穮，平湖人。清学者、藏书家。康熙九年进士。一生著述不断。家有藏书楼名三鱼堂。己亥，管凌。

陆陇其去世后，谥为"清献"，加赠内阁学士兼礼部侍郎衔，从祀孔庙，成为清代入祀孔庙的第一人。

后人将陆陇其著作汇编为《陆子全书》七种一百二十卷。

08 春雨楼

春雨楼为清代藏书家陆烜的藏书处,建于胥山邱里(今无锡市滨湖区)。

陆烜(1737—1798),字子章、秋阳,号梅谷、梅余老人,别署巢云子,平湖人。画家、藏书家。弱冠补庠生,一试乡试不进,即弃去,隐居胥山邱里不仕。锐意著述。尤嗜藏书,藏书甚富。藏书处为"春雨楼""奇晋斋"。"奇晋斋"得名于斋中藏有王羲之《二谢帖》《感怀帖》。斋中有楹联云:"门栽彭泽五株柳,案有山阴二谢书。"有藏书印"春雨楼校藏书籍印""梅谷陆烜私印""陆氏子章""梅谷掌书画史""飘香手装""虹屏翰墨"等。

陆烜亦工诗、画、文,精校勘,喜刻书。将所藏唐代至明末各家短篇杂著,包括笔记、诗话、题跋、游记等辑刻成《奇晋斋丛书》十六种,二函八册。著有《梅谷掌书画史》《梅谷集》《耕余小草》《曲礼要旨》《梦影词》《宝迹录》等。陆烜在《奇晋斋丛书自序》中云:"余家鲜藏书,又力不能多购,然唯好之深。故十余年来,得于书摊贾人者,颇亦有出于前人所见之外。"此丛书有乾隆三十四年(1769)平湖陆氏奇晋斋刊本,每书后皆有陆烜跋语,今为国家图书馆、天津图书馆、复旦大学图书馆、浙江图书馆所藏。

陆烜妻彭贞隐,亦好藏书。侧室沈彩,亦喜藏书,辑有《春雨楼书画目》,并为陆烜手钞其所著《尚书义》全帙。

春雨楼

边款:春雨楼。己亥三月,管凌作。

《梅谷十种书》书影

嘉兴历代藏书楼

09 简香斋

简香斋为清代诗人陈廷献的藏书处。

陈廷献（1749—1830），号草窗，平湖人。诗人、藏书家。乾隆三十二年（1767）举人。四十九年（1784）于安澜园受乾隆帝召见。喜藏书，亦喜抄书。购书三万余卷，藏书颇精。藏书处为"简香斋"。马承昭《续当湖外志》卷六云："迩来我湖藏书之富，邑中推陈氏简香斋、朱氏三万卷楼，东乡推棣雨徐氏绍德堂、全亭项氏乐闲居最富，而精者莫如胡氏小重山馆。咸丰时尚存四十九橱，且抄本十居六七，多秘本。"

陈廷献子露亭，名树德，孙春潭，名日烈，承其志，将其藏书增而广之，积至五万卷。著有《简香斋书目》四册。

简香斋

边款：简香斋为清代藏书家、诗人陈廷献藏书之处。己亥三月，管凌作。

清刻本《医经原旨》书影（简香斋藏板）

10 金薤山房

金薤山房为清代藏书家韩维镛的藏书处。

韩维镛(1775—1845),字配贡,号铜上、铜士,平湖人。藏书家。嘉庆六年(1801)拔贡,十二年(1807)中举人,十九年(1814)进士。官湖北谷城知县。生平博学好古,精于鉴赏,家有藏书楼"金薤山房",金石书画收藏甚富,时人比之项元汴"天籁阁"。藏有宋本《舆地广记》,原为朱彝尊旧藏。黄丕烈《士礼居题跋记》中记载,曾托书贾从韩维镛处购藏书数百种,多旧本,如施谔《淳祐临安志》等。著有《金薤山房诗稿》四卷。

金薤山房

边款:金薤山房。己亥,管凌。

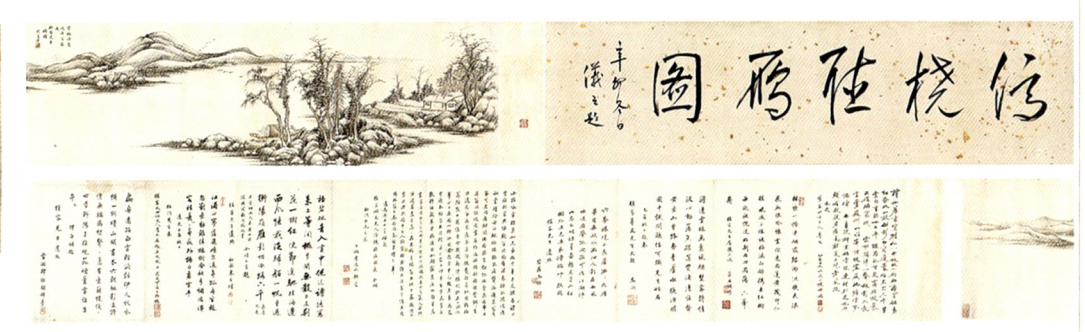

(清)方熏《停桡听雁图》

11 味梦轩与小重山馆

味梦轩

小重山馆

边款：味梦轩。辛丑冬，管凌。

边款：胡惠墉，字邃江，号荻江，自号小酉山第一闲人，筑藏书楼曰小重山馆。己亥，管凌。

味梦轩与小重山馆分别为清代藏书家钱天树与其婿胡惠墉的藏书处，建于当湖（今平湖市当湖街道）。

钱天树（1778—1841），字承培、子嘉、仲嘉，号梦庐，平湖人。画家、藏书家。幼年天资聪颖，下笔千言立就，深得同邑宿学老儒赏识。画以墨竹著名。

钱天树嗜书如命。由于家道殷实，祖辈藏有不少书籍字画。后娶同邑陆锡贞为妻，陆锡贞亦喜文弄墨，与夫兴趣相同，品书论画，似神仙眷侣。

钱天树嗜藏书，尤精于鉴别，宋元古本与字画，可立判真伪，因此藏书字画甚富。筑藏书处名曰"味梦轩""是耶楼"。吴晗在《江浙藏书家史略》中引《匏庐诗话》：钱氏"收藏书画各数万卷，几与曝书亭、天籁阁相埒"。收有《却扫编》三卷，宋代书棚本。清初钱谦益曾有过一部宋刻本，后毁于"绛云楼"之火，这使其所藏身价不菲，成为秘籍。同时期吴县藏书巨擘

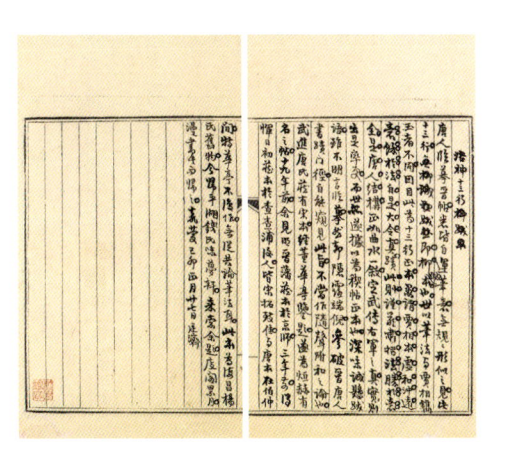

(清)张廷济为钱天树题《洛神十三行》底稿　　　　　　《全唐诗》书影

黄丕烈曾向钱天树借观,赞叹不已,后作六首绝句以赞之。藏书印有"钱天树印""味梦轩""天树印信""仲嘉""是耶楼中秘籍""梦庐借观""钱梦庐家藏"等。著有《是耶楼诗稿》《是耶楼初稿钞》等。

钱天树盛年之后,家道中落,无力购藏善本,其女婿胡惠塽却嗜好藏书,遂成了胡惠塽的藏书顾问。

胡惠塽(生卒年不详),为钱天树婿。一名惠孚,字邃江、荻江,自号小酉山第一闲人,平湖人。居平湖南庙桥胡氏芝瑞堂。藏书家。钱天树有子四人,均未承其业,女婿有志藏书,使钱天树晚年颇感安慰。钱天树殁后,部分藏书和金石书画归于胡惠塽。钱天树以收藏古籍及金石书画名冠一时,胡惠塽得岳父之力,藏书以精品著称,筑藏书楼"小重山馆""四雨亭"贮之。据载,共有藏书四十九柜,其中十之三四为宋元秘籍及清代名人手校本。道光十二年(1832),胡惠塽购得宋刊本《毛诗要义》,该书为宋魏鹤山作《九经要义》中的一种,曾是曹雪芹祖父曹寅藏书,首尾完整,触手如新。乾隆编纂《四库全书》时,只收得《九经要义》中之《周易》《仪礼》《尚书》《春秋》《礼记》五种,其余四种无从搜访,可称散佚。道光十二年(1832),胡惠塽以重金购得,钱天树兴奋不已,称之为"稀世之秘笈",成为镇馆之宝。翁婿同为藏书名家,成就了中国藏书史上的一段佳话。胡惠塽著有《小重山馆书目》六册。已佚。藏书印有"胡惠塽邃江氏珍藏书画之印""邃江鉴赏""当湖胡邃江珍藏""小重山馆藏""邃浮借观""赏奇析疑""小酉山第一闲人"等十余方。

清咸丰十年(1860),太平军攻入浙江,胡惠塽藏书也随之流失,多数为上海郁松年购得,而郁松年藏书后尽归于陆心源"皕宋楼",继而又为日本人购去,故"味梦轩"与"小重山馆"之藏书,现多存于日本静嘉堂。

12 小云庐

小云庐为清代藏书家朱壬林的藏书处，建于当湖（今平湖市当湖街道）。

朱壬林（1780—1859），原名霞，字礼卿，号小云，平湖人。七岁时，其家迁居当湖，入私塾，刻苦力学，其自撰《小云庐晚学文稿》中记："晚自塾归，即焚膏课日间所读，时家贫，吾母亲织布以给朝夕。每夜漏参半，一灯荧然，书声与纺车声相和，历五六年，习以为常。"嘉庆五年（1800）乡试中举。嘉庆十六年（1811）中进士，授翰林院庶吉士、工部主事，官至山西道监察御史。嘉庆二十四年（1819），以母丧归乡。平生节俭，乐善好施，为乡里称道。

咸丰七年（1857），距朱壬林入泮之年正好六十周甲。其幼子朱寿熊这年十四岁，童考中秀才。当时朱壬林鹤发皤然，朱寿熊髫龄童颜，父子携手，联袂游泮。据文献载，那天观者之多，交口赞誉，为平湖科举旷古以来所未有之佳话。

朱壬林性嗜书，著述。筑名曰"小云庐"，或称"三万卷楼""小万卷楼"。光绪《平湖县志·经籍》云："喜聚书，然非滥于搜罗，故积书至五楹，所录皆谨严有法。"编有《小万卷楼书目》三册。著有《小云庐诗稿》五卷、《晚学文稿》八卷、《当湖朋旧遗诗》十卷等。性耽吟咏，好交文友，被推为平湖县的文坛盟主。朱壬林有感于平湖自置县以来，近四百年未结集文学作品，意编《当湖文系》一书，以传后世。得顾广誉赞同。由顾广誉等五人负责搜罗甄录，朱壬林总编。不料，朱壬林于次年病逝。其侄朱兆英承伯父之业，用时九年，于同治八年（1869）完成全书之雕版工作，

小云庐

边款：小云庐。己亥夏月，管凌作。

印出样本。为此,贾敦艮在《当湖文系跋》中云:"若非昔日朱壬林之一力于此,用心深远,尔后其后辈同乡又体先生之用心,众手成书,则此如线之孤本又岂能大彰于世?"

太平军攻入平湖时,朱寿熊将书版藏于徐埭老宅,仍毁于战火。

后朱壬林后人四处搜访样本,宁波叶廉锷携归半部样本,在金山金瘦仙家也得到半部,终合成全璧。朱寿熊汇辑《当湖文系》二十八卷,于光绪十五年(1889)刻行传世。

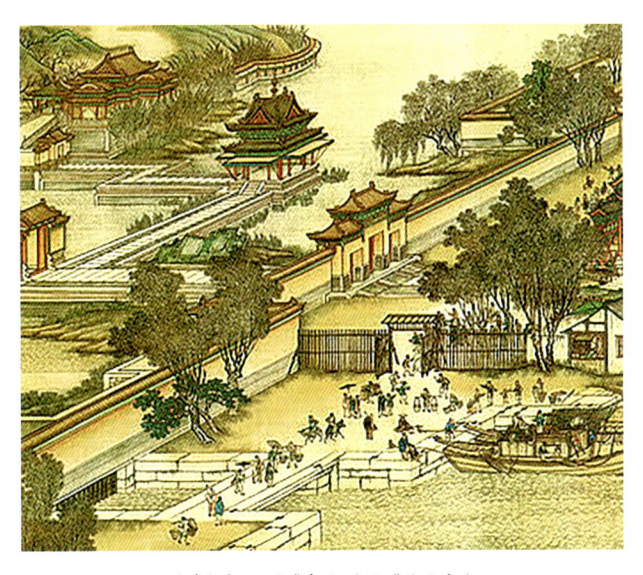

(清)朱壬林《舟行书怀》(局部)

13 漱芳阁

漱芳阁为清代藏书家徐士棻的藏书处，建于当湖（今平湖市当湖街道）。

徐士棻（1791—1848），字诵清，号辛庵、惺庵、徐梦熊子、徐士兰兄、徐元锡、徐瀛锡、徐申锡父，平湖人。学者、藏书家。嘉庆二十三年（1818）浙江乡试第一。次年中进士，授翰林院庶吉士、编修。曾任会试副总裁、江南正考官、内阁学士兼礼部侍郎，累官工部右侍郎，兼管钱法堂事务。任考官期间，有"方正严毅，弊绝风清"之誉。对整饬钱法，兴修京畿水利颇有政绩。因病告归。

徐士棻归里后，提倡修节孝祠，改建当湖万程桥。喜藏图书，著述。筑"漱芳阁""砚云山馆"藏书处，藏书甚富。其中明刻本较多。编有袖珍小册精写本《漱芳阁书目》六册，每面一目，著录图书千余种。藏书印有"臣徐士棻""漱芳阁之印""惺庵藏书"等。著有《漱芳阁诗文稿》十卷、《漱芳阁时艺》一卷、《辛庵馆评诗钞》一卷等。曾为嘉兴藏书家冯登府刊刻《金石综例》一书。

徐士棻以"学问优长，品行醇正"入乡贤祠。

漱芳阁

边款：漱芳阁。己亥夏，管凌作。

徐士棻藏书楼印"砚云山馆"

14 望云楼

望云楼为清代诗人张定闰的藏书处。

张定闰(1809—1875),字啸夫,平湖人。诗人、藏书家。道光时县附贡生。竹林诗社社员。竹林诗社为咸丰、同治间平湖之诗社,由张氏叔侄张定闰、张金镛、张炳堃等人结社。诗社以张氏为中心,外姓入社者只有沈钦禄一人。诗社因有慕于魏晋之际"竹林七贤"而得名。潘衍桐《两浙輶轩续录》载:"张定闰童年毕读十三经。尝集竹林诗社,与兄子侍讲金镛、都转炳堃辈晨夕唱和,为士林佳话。"张金镛,初名敦翟,字良甫,号海门,定闰兄之子。道光二十一年(1841)进士,官侍讲。著有《躬厚堂诗录》。张炳堃,初名瀛皋,字鹤甫,号鹿仙,张金镛弟。道光二十七年(1847)进士,官湖北粮道。著有《抱山楼诗》等。

张定闰与诗友晨夕唱和,传为诗坛佳话。性喜藏书,藏书处为"望云楼",积卷累万。亦精鉴赏,观古人书画,立判真赝,有钱天树风。著有《续艺舫诗钞》八卷、《望云楼焚余草》四卷。

望云楼

边款:张定闰,字啸夫,平湖人。清诗人、藏书家。望云楼为藏书之处。管凌。

平湖篇

15 宝文斋

宝文斋

绍德堂

边款：宝文斋为清人徐氏步瀛藏书读书之处。曾遭兵燹，所藏书多烧毁。乃到处收罗散佚图书，凡乡人卷书、尺简，不惜重金购之。癸巳夏，管凌作。

边款：绍德堂。己亥，管凌作。

宝文斋为清代藏书家徐步瀛的藏书处，建于新仓（今平湖市新仓镇）。

徐步瀛（生卒年不详），字洛卿，号眉似，祖籍海盐，平湖人。恩贡生，喜藏书、著述。咸丰年间战乱，平湖地方藏书损失严重，徐步瀛网罗散佚图书和碑版，凡乡人所写之卷书尺简，都不惜重金购得。所藏渐富，筑藏书楼"宝文斋""绍德堂"贮之。马承昭《续当湖外志》称："迩来我湖藏书之富，邑中推陈氏简香斋、朱氏三万卷楼，东推徐氏绍德堂……"诗文有宗法，与从弟徐介甫并著于时。

著有《南泾集·陬巷集》合刻二卷、《淡友轩读易稿》《思补斋杂志》。

清乾隆五十三年（1788）知县王恒在新仓东市武圣殿西创办芦川义学，后改名芦川书院。咸丰末，芦川书院毁于兵燹。徐步瀛于同治四年（1865）捐资在白漾东重建芦川书院。

16. 传朴堂、冷碧轩与爱日吟庐

传朴堂

冷碧轩

爱日吟庐

边款：传朴堂。癸巳夏，管凌。

边款：冷碧轩。癸巳夏月，管凌作。

边款：爱日吟庐。癸巳，管凌作。

　　传朴堂为民国藏书家葛嗣浵的藏书处，建于鸣珂里（今平湖市南河头社区）。

　　葛嗣浵（1867—1935），字稚威，号竹林。平湖人。教育家、藏书大家。光绪甲午（1894）优贡，官工部主事，改为法部主事等职，后弃官南旋。继父兄遗志，藏书办学。著称一时。

　　祖上家境富裕，其父葛金烺（1837—1890），光绪九年（1883）进士，光绪十二年（1886）殿试，朝考一等。授刑部主事，旋户部郎中。喜藏书，尤为擅长品鉴书画。藏书斋曰"传朴堂"。长子葛嗣溁，字云威，力助父亲收书、藏书，成为平湖一大藏书家。《两浙輶轩续录》曰："少有才名，博经史，藏书数万卷。"葛金烺、葛嗣溁离世后，"传朴堂"藏书由次子葛嗣浵继承。

　　葛嗣浵购书之勤，远胜于父兄，每至一地，皆满载而归。日积月累，藏书颇为充溢，原先之书屋不敷使用。光绪二十五年（1899），他在宅第旁建藏书楼"爱日吟庐"。为示其仰承先恩之意，取名"守先阁"。1935年，他请张元济为其书楼题了匾额。张题额时，撰有《为平湖葛氏守先阁题额识语》，叙述从传朴堂至守先阁的经过："毓珊姻丈劬学嗜书，官京曹时，与哲嗣云威部郎网罗群籍藏弄之，富甲于一郡。稚威亲家仰承先恩，思有以光大之。光绪岁己亥，乃建斯阁。移书庋其中，名曰守先，所以凛楹之训也。越三十余年，积书逾四十万卷。"在这些藏书中，最具特色的是乡邦文献，不少为罕见之本，如嘉庆十年(1805)路铎续修之《平湖县志》，张元济之"题后"以为系葛氏所独有，并云"余收书数十年，仅获见此一本"。张元济评说："传朴堂藏书之富，骎骎乎为浙西之冠。"葛嗣浵著有《爱日吟庐书画续录》《传朴堂书目》等多种。

葛嗣浵子葛昌栋、葛昌楹、葛昌枌，侄葛昌楣，亦喜藏书。其中葛昌栋、葛昌楣分别建有藏书楼或室，名曰"冷碧轩""辛夷花馆"和"弢华馆"。次子葛昌楹为西泠印社早期社员，精于鉴赏、篆刻，善书法，好藏印，尤嗜明清名家印刻，对"晚清四家"吴让之、赵之谦、胡钁、吴昌硕之作，尤为酷嗜。见有名家佳作，不惜重金购得。筑"玩鹤听鹂之楼"藏书处。辑有《宋元明墟象玺印留真》《传朴堂藏印菁华》，著

吴昌硕1917年为葛昌楹所刻"西泠印社中人"，现藏于西泠印社

有《爱日庐书画录》《传朴堂诗稿》等多部。

"传朴堂"于1937年被日军焚毁，藏书也大多被毁，部分善本流入陈群的"泽存书库"。现台北图书馆有其遗书多种。葛嗣浵曾不惜千金，将平湖胡昌基的《续檇李诗系》四十卷刊行于世。又与张元济、金兆蕃等续编《檇李文系》定稿八十卷，此稿存于上海图书馆。

1962年，葛昌楹将其珍藏的明清名人刻印精华，如文彭刻"琴罢倚松玩鹤"、邓石如刻"江流有声断岸千尺"等四十三方印章，全部捐赠给了西泠印社。

17 双皕楼

双皕楼为民国时期藏书家屈燨与邹百耐合设的藏书处,建于卧龙街(今苏州市人民路)。

屈燨(1881—1963),字伯刚,号是闲、弹山,晚年自署屈彊,平湖人。寓居苏州。诗人、藏书家。光绪年间诸生,早年留学日本早稻田大学,归国后授举人衔。民国初,在南京临时政府、北京政府实业部、农商部任参事、佥事,后执教于圣约翰大学。曾任商务印书馆旧书股主任及馆外编辑,新中国成立后任浙江省文史研究馆馆员。

屈燨喜购书、藏书,曾得外祖父潘霨批校精本。并赴北京、南京、杭州等地的公私图书馆、藏书楼,遍读群籍,于版本目录学日益精湛。1931年应平湖藏书大家葛嗣浵邀请,为"传朴堂"藏书编目。日军进犯苏州时,屈燨将所藏精本十余箧寄存于王謇"獭粟楼",其中多为清末名人投赠诗词、手札及墨迹。抗战胜利后,筑屋于黄壤头,收还其书,贮之。

屈燨后与邹百耐在苏州卧龙街合办名曰"双皕楼"书店,还在北京开设"穆斋"书店,均为收书,得精本甚多。据《苏州古旧书店志》记载:"双皕楼书店,初开设在护龙街怡园北面,系邹绍朴(伯耐)、屈燨(伯刚)两人合资开设,并请张石生当经理。还收有二名学徒李光皓和华开荣。后因意见不

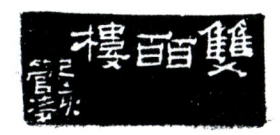

双皕楼

边款:双皕楼。己亥,管凌。

合而分开,屈在五卅路言桥堍开设国学小书摊,王云甫为经理。"夏淡人《姑苏书肆忆旧》中亦有大致相同的记述。屈燨曾写有《设书肆于阊桥南戏占二绝》,收《弹山诗稿》中。其一云:"废基犹有再兴时,文学今荒言子祠。墨古书棚谁记得,剩怀嘉道老儒师。自注:王府基旧有周姓墨古堂书肆,见尧圃题跋。"可见书店兴废之叹,旧时已有,绝非自今日始。其手校《水经注》《老子》甚精,底本为"涵芬楼"《四部丛刊》。所抄稿本《三国志续考证》一卷,所校《金石文字记》六卷、《金石录》三十卷。藏书印有"是闲手校""屈氏藏书""屈燨之印""伯刚"等。著有《望绝自记》《弹山诗稿》等。其中《弹山诗稿》民国二十九年(1940)铅印本,平湖博物馆有藏。

《弹山诗稿》书影

《云间韩氏藏书题识汇录》邹百耐纂

18 雪映庐

雪映庐为民国时期藏书家孙振麟的藏书处。

孙振麟(1903—1952),字秉之,号涤斋,别号雪映庐主,孙从说十一世孙,平湖人。藏书家。家居阴阳弄。自幼聪颖,酷爱读书,亦喜藏书。后寓沪经商,家境富裕,曾遵父愿修家谱。为使家谱材料充实,多方搜集资料,更为其藏书创造了有利的条件。辑有《孙氏家乘》六卷。

孙振麟为收集古籍和乡邦文献及平湖籍作者的书籍,曾委托平湖旧书商和杭州、嘉兴、湖州、无锡、常州等地的书店代为收购。闲暇时,赴上海的福州路、河南路一带书店浏览,遇见乡邦文献,不惜重金购之。经过十多年的苦心收集,据不完全统计,仅乡邦文献就有五千余册,其中不少是明清刻本、刊本,有些还是孤本,极有保存价值。历代《平湖县志》有几十本,其中有康熙时的朱志、乾隆时的张志和嘉庆时的路志等。筑藏书楼名"雪映庐",借孙康映雪读书之事鞭策和勉励自己。藏书甚富,编有《雪映庐藏书书目》。著有《当湖历代画人传》九卷。

孙振麟英年早逝,年仅四十九岁。殁后,其夫人顾赞玉将"雪映庐"藏书分赠给上海、浙江、嘉兴图书馆,其中地方史志两千多种,由上海图书馆收藏,编有目录。

雪映庐

边款:雪映庐为民国藏书家孙振麟藏书之处。己亥冬月,管凌作。

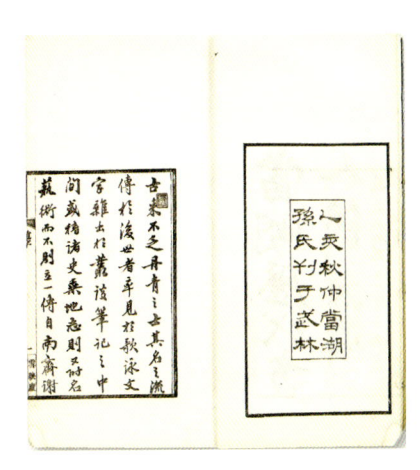

《当湖历代画人传》书影

19 求是斋

求是斋为清末民初书法家陆维鋆的藏书楼。

陆维鋆（1888—1945），字清澄、清臣。原籍河南夏邑，徙平湖。学者、藏书家。光绪年间诸生，十七岁中秀才，后入上海英文学院读书，结业后回平湖，设私塾授徒。酷爱读书、藏书。课余时，常去葛嗣浵"守先阁"博览群书，由此萌生出系统收集整理平湖历代先贤遗著之愿望。

陆维鋆闲暇时，赴杭州、北京等地书肆，遇佳椠名钞，不惜以重金购归，摩挲终日，爱不释手，尤一意搜求乡贤遗著。如屠勋、屠应竣父子的《太和堂诗文集》《兰晖堂诗文集》，沈懋孝的《长水文集》，刘廷元的《宋名臣言行略》，王路的《花史左编》等诸明刊本，均是他在北京书坊中觅得且不惜重金购得。倾十余年心血，以征访乡献为己任，积卷盈架，实驾诸家而之上，筑藏书处"求是斋"贮书。与葛嗣浵"守先阁"、孙振麟"雪映庐"为清末民初当湖三大著名藏书楼。

《平湖经籍志》是陆维鋆毕生心血的结晶，全书共收录平湖境内自三国至清末作家1108家，著作2625种，较之光绪《平湖县志·经籍》收录多一倍以上。其中有519种原刊或稿本藏于其"求是斋"中。网罗散佚，阐幽发微，可见一斑。编纂《平湖经籍

求是斋

边款：求是斋。壬寅冬，管凌作。

陆维鎏纂,郭杰光、陆松筠整理《平湖经籍志》,2008年平湖史志办刊印

志》三十六卷,前十六卷分两次刊印于民国二十七年(1938)和民国三十年(1941)。时值战乱,其无力继续付印,遂将后二十卷稿册缮清珍藏。1949年后此稿藏于上海图书馆古籍部。金兆蕃评其"能举其乡先辈著述,甄其篇第,揭其概要,通考经籍,勒成一书,他日后学者将有所凭借景仰,绅绎光大"。

陆维鎏除藏书外,亦好书画收藏,藏品部分收藏于平湖博物馆,其中以扇页尤多。

20 霜红簃

霜红簃为民国学者胡士莹的藏书处。

胡士莹(1901—1979),字宛春,平湖人。幼承家学,年幼时能熟读《古文观止》,背诵《四书》。后考入南京高等师范学校,毕业后,曾在平湖诒谷学堂、南京私立东方公学等校任教员。抗战胜利后,应聘到暨南大学、圣约翰大学、光华大学、杭州大学任教。后兼任中国科学院浙江分院语言文学研究室(后属杭大)研究员,担任研究生导师。主要从事古典文学教学工作。

胡士莹在故乡时常登平湖葛嗣浵藏书楼读书。受其影响,从青年时代起就开始藏书。嗜书如癖,每赴市必至书肆或冷摊探求,不惜重金购置,尤以小说、戏曲、弹词、宝卷及乡邦文献居多,有宋版、明版、清版,皆用原配之红木书橱庋藏,其中不乏珍稀孤本。藏书斋名为"霜红簃"。

抗日战争期间,避居上海,与郑振铎、赵景深、谭正璧等交游,共同研讨小说、戏曲、通俗文学。此后,以此为治学重点。研究范围涉及说唱文学、戏曲、小说三个方面,以话本小说研究的成就最大。1980年中华书局出版的《话本小说概论》是其代表作,被誉为"研究话本的百科全书"。

著有《弹词宝卷书目》《变文考略》《词话考释》《弹词简论》《漫说鼓词》《霜红词》《宛春杂著》《紫钗记校注》《话本小说概论》《牧羊记校注》等。

霜红簃

边款:霜红簃为民国学者胡士莹藏书之处。管凌作。

胡士莹多才多艺,书法初学赵孟𫖯。后遍临南北碑及汉唐大碑,自说得力于"十三行"。早年喜画梅花,晚年作画喜绘大山,自有佳趣,还从事宋元明清文学史的教学和小说、戏曲、通俗文学的整理研究。

海盐篇

01 梅 屋

梅屋为宋代著名诗人许棐的藏书处，建于秦溪（今海盐县通元镇新友村梅园里）。

许棐（？—1249），字忱父，号梅屋，海盐人。诗人、藏书家。南宋理宗嘉熙年间隐居海盐秦溪。筑小庄于溪北，名"梅屋"，藏书数千卷，丹黄不休。屋中悬挂白居易、苏轼像，屋四周植梅。他在《梅屋书目》自序中说："予贫喜书，旧积千余卷，今倍之未足也。肆有新刊，知无不市；人有奇编，见无不录，故环室皆书也。"可见他对书的偏爱，已到了如痴如醉的地步。时与杭州书商、藏书家陈起（字宗之，曾刊印大量江湖派诗人诗集）交情甚好，曾作有《陈宗之叠寄书籍小诗为谢》一诗，其中有"君有新刊须寄我，我逢佳处必思君"之诗句。这种闻书讯而必购之，嗜书如命的性情，使其拥有了大量藏书。许棐在宋末浙江藏书家中与吴兴周密并称于世。清叶昌炽有诗云："绕屋梅花映水红，秦溪如在画图中。屋中图史谁同享，不是香山定长公。"

许棐是宋代江湖派的著名诗人，曹庭栋称其诗"清俊闲远，尤长于绝句"。

许棐聚书纵览，著述亦富。著有《梅屋集》五卷、《樵渔录》、《樵谈》、《献丑集》等，所著之书《四库全书》皆有收录。

梅 屋

边款：宋代许棐，字忱夫，海盐人。居秦溪，筑小庄于溪北，储书数千卷。植梅于屋四檐，曰梅屋。壬辰春月，管凌作记。

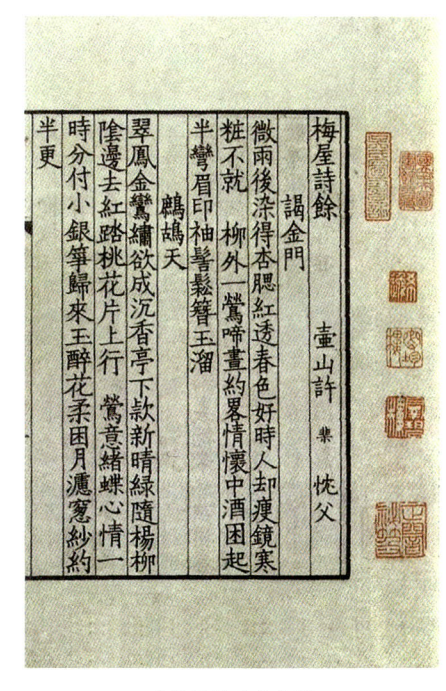

《梅屋诗余》书影

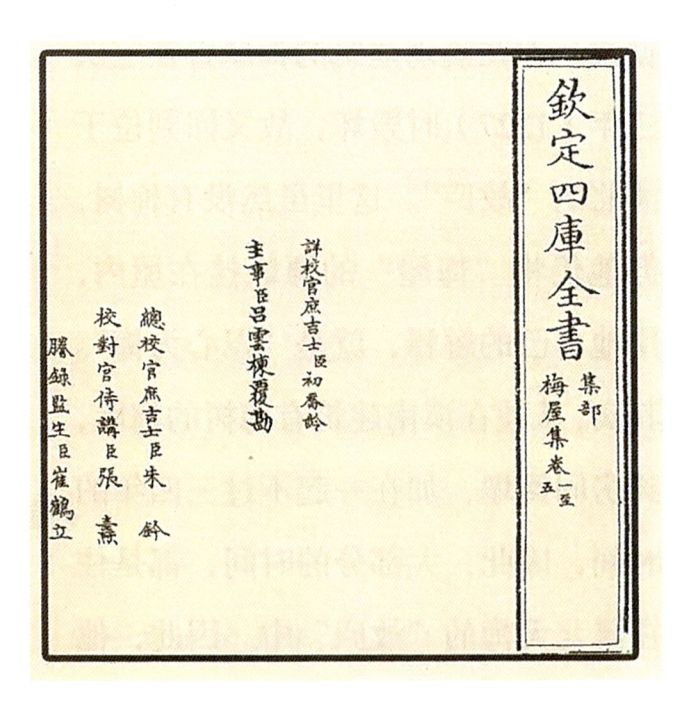

《梅屋集》收入清代《四库全书》集部

02 彝 斋

彝斋为宋代著名书画家赵孟坚的藏书处,建于海盐华亭乡(今平湖市广陈镇北)。

赵孟坚(1199—1264),字子固,号彝斋,宋太祖十一世孙。宝庆二年(1226)进士,授集贤殿修编。历官湖州掾,入转运司幕,知诸暨县,后以御史言被罢归。遂退隐,以诗画藏书自娱。时有杨嗣翁善琴、赵仲文善棋、张温父善书,世人遂以赵孟坚之画,合称"四绝艺"。藏书处曰"彝斋"。经常坐一小船载书籍琴弦和饮食餐具,迎日出,挥毫作画,看夕阳,日下吟诗,与陶菊隐、殷澄并称"秀州三义"。

赵孟坚富藏书,收藏有不少金石书画真迹珍本。六十岁那年,他从湖州得到定本《兰亭序》帖,欣喜如狂,连夜坐船赶回。岂料行至牟山附近,忽然刮来一阵风,将船掀翻,赵孟坚掉入河中,但他仍紧持字帖不放,高呼:"兰亭在,无忧也!"回到家中,他于字帖卷首题上"性命可轻,至宝是保"八字。《兰亭序》卷首有赵孟坚两枚藏书印"子固"和"彝斋"。

赵孟坚学识渊博,工诗文,善书法,尤善画梅兰竹石,最为时人珍重。其书法气度萧爽,有六朝风致,时人比之米芾。传世书法不多,大都以行书写成,有多件《自书诗卷》流传,分别收藏于故宫博物院、台北"故宫博物院"、上海博物馆。画宗米家法,兼

彝 斋

边款:赵孟坚号彝斋,家富藏书,隐居古海盐。甲午秋月,管凌。

及扬无咎、汤正仲之妙。存世作品不少。传世书画有《墨兰图》卷和《春兰图》卷、《岁寒三友图》册页均藏于故宫博物院，其中《春兰图》是我国目前保存最早的兰花画卷，《岁寒三友图》册页则是中国较早将松竹梅融于一体的作品之一。

著有《彝斋文编》四卷（《四库全书》著录）附《补道》、《彝斋诗余》，《四库全书总目》称其诗文"清远绝俗，类其为人，剩璧灵珪，风流未泯"。

赵孟坚像，取自陈洪绶绘《晞发图》

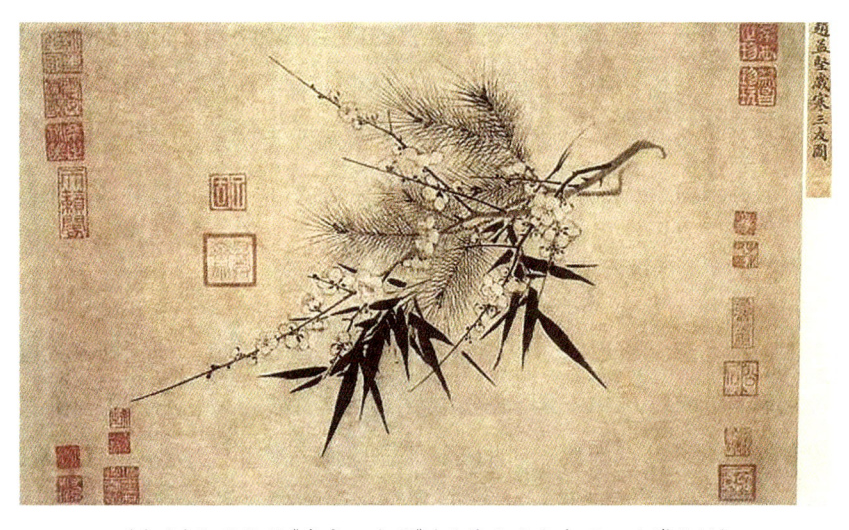

（南宋）赵孟坚绘《岁寒三友图》（现藏于重庆中国三峡博物馆）

03 明德堂

明德堂为明代学者许相卿的藏书处，建于紫云村（今海盐县澉浦镇茶磨山下）。

许相卿（1479—1557），字伯台，号云村，自署云村老人，世居海宁黄山。学者、藏书家。正德十二年（1517）进士。嘉靖时授兵科给事中，补礼科致仕。在官三年，屡上疏言事，以敢于直谏著称。后称病辞官归里。因喜爱海盐紫云村山水胜地，徙居村南茶磨山。入籍澉浦。筑舍紫云居，隐居茶磨山三十年，屡拒出仕，清名益高。

隐居期间，建藏书处曰"明德堂"，藏书万卷。埋首著述。著有《云村集》、《良方辑要》、《校正海昌续志》、《黄门集》十二卷（《附录》一卷、《品藻》一卷）、《桃园死事录》、《史汉方驾》三十五卷、《革朝志》十卷，《四库全书》均有存目。《四库全书简明目录》云："章疏多剀切，文亦雅洁。"与名士孙一元、文徵明来往。曾与孙一元等八位名士泛舟南北湖上，饮酒赏月，兴酣之际，许相卿提议："昔青莲居士与张渭游汉阳湖，遂改名'郎官'，公今至此，可名'高士湖'。"诸人赞同，并以高士湖为题互相唱和，成为一时佳话。从此，南北湖别称"高士湖"。后人在南北湖建有"高士亭"。据明人记载，原属澉浦今在海宁境内之黄山，有九杞山人读书台遗址。《澉水

明德堂

边款：明代许相卿，字伯台，号云村，自署云村老人。隐居茶磨山三十年，屡拒出位。明德堂为藏书之处。甲午孟夏，管凌。

新志》云："许相卿读书黄山，于大雪中见一株构杞，结子如红雨，移植中庭，发条九枝，遂号九杞、杞泉子，又号謇翁。后又在永安湖（即南北湖）西北杜曲岗筑云涛庄别业，是地又称九杞书院。是山属许相卿私产，当世即以人名名山，曰九杞山。"许

相卿以山水为胜,植树引泉,疏畦艺茗,课耕力食之余,时以戴笠披蓑,骑黄牛行进在山间田埂觅诗句为乐。

许相卿亦善书法,至今茶磨山上尚有其手书"枕流""独往""天只峰""弄月台""吟风径"等摩崖石刻,为海盐县级文物保护单位,成为南北湖一景。

《郑氏规范 庭帏杂录 许云村贻谋》书影

茶磨山摩崖石刻"天南第一山"(张东良摄)

04 百可园、凝云楼与独寤园

百可园

凝云楼

独寤园

边款：郑晓，海盐人。明代学者、藏书家。官至兵部尚书。居百可园，著述、抄书、藏图籍自娱。"百可"取自汪敬民"咬得菜根，百事可做"。管凌。

边款：凝云楼，明郑履淮藏书处。壬辰秋月，管凌作。

边款：独寤园为明代郑晓藏书楼。壬辰夏，管凌。

百可园为明代学者郑晓的藏书处，建于武原城中（今海盐县武原街道百可社区）。

郑晓（1499—1566），字窒甫，号淡泉，又号名臣，海盐武原人。项笃寿岳父。学者、藏书家。嘉靖二年（1523）进士。授兵部职方主事，官至兵部尚书。博览群书，通经学、术数，善诗文，尤长于史学及典籍研究。所著《九边图志》，名噪一时。甚孚时望，因受权贵倾轧阻扼，不能施展抱负，落职后归故乡。

郑晓归乡后，居县城百可园，以著述、

抄书、藏图籍自娱。"百可"两字,取自汪敬民"咬得菜根,百事可做"之语。百可园,也是其家的菜园。园中建有两座名曰"百可园"和"独寤园"的藏书楼,收藏有《新编古今事文类聚》一百三十册与《西域行程记》《北虏事迹》《西番事迹》等书万余卷。有藏书印"浙西郑晓图书印""淡泉书屋""大司寇章"等。著有《吾学编》《徵吾录》《郑端简公奏议》《皇明四夷考》《史论》《策学》《禹贡图说》等。

郑晓卒后葬于城构藤村。隆庆初,追赠太子少保,谥端简。《明史》评其"谙悉掌故,博洽多闻,兼资文武所在著效,亦不愧名臣"。

郑晓有二子。长子郑履淳,初名贤录,号伯寅。嘉靖四十一年(1562)进士,官至刑部主事,改尚宝司丞。著有《衡门集》十五卷、《郑端简公年谱》八卷(《附录》一卷)。承父业,好藏书。刻印其父《郑端简公全集》一百二十七卷等。其中万历年间所刻其父撰《郑端简公徵吾录》二卷,福建图书馆、清华大学图书馆、四川图书馆有藏。

《皇明四夷考》书影

次子郑履准,官至刑部主事。承父志,建有"凝云楼"藏书处。藏书印有"凝云深处清暇奇观""海濒逸民平泉郑履准凝云楼书画之印"等。孙子郑忠材、曾孙郑端元均继承并安守着郑家的藏书,使之绵延百年。

百可园位于武原镇东北隅新桥弄底(今新桥北路),今有一池尚存。

05 希贵堂

希贵堂为明代学者汤绍祖的藏书处。

汤绍祖(生卒年不详),字公孟,汤彬之孙,汤承宠之子,海盐人。学者、藏书家。祖父汤彬,字子宜,海盐人。嘉靖三十五年(1556)进士,初知庐江,升职方主事,历车驾员外,迁河南佥事。后被弹劾,退归还家。喜聚书。汤绍祖受其影响,藏书丰富。《浙江通志》云:"七岁通古文词,长而耽读,闻有异书必百计购求,以故藏帙甚富,逾万卷。"建"希贵堂""清远堂"读书处,郊居读书,谢绝人事,犹恐客扰,每日以舫载书,划至水中央读之,薄暮而归。长于骈体,著有《清远堂文稿》。

汤绍祖幽居在家,束发临文,雅有补续《文选》之意,于万历三十年(1602)尝取梁末及李唐文之可继《萧选》者为《续文选》三十二卷行世。采自唐及明诗文以续《昭明》之书。然所录止唐人、明人,但明人惟取正、嘉"后七子"一派,明初刘基、高启诸人仅录一二。盖恪守王世贞、李攀龙之门户,而又更甚焉。所分门目,一从《文选》。汤绍祖在《续文选序》中说:"夫意取绍明,其业自当,拟议其体,谛观前选,辞约二京,篇多六季,则体固攸尚,时未或徇俯从隅见,吾亦何敢抑……集成,总计三十二卷,名曰《续文选》。"中国国家图书馆、上海图书馆、南京图书馆均有藏。

希贵堂

边款:希贵堂为明学者汤绍祖藏书处。壬辰,管凌。

(清)汤绍祖撰《续文选》

06 好古堂

好古堂为明代藏书家胡彭述的藏书处，建于卦弄里（今海盐县武原街道大虹桥附近）。

胡震亨（1569—1645），字孝辕，号遁叟，海盐人。学者、文学家、藏书家。万历二十五年（1597）举人，任固城教谕、合肥知县。任职期间，大兴水利，改革官粮运输，颇多善政。崇祯末年，存补定州知州，擢兵部职方员外郎。后辞官回乡，"藏书万卷，日夕搜讨"。据载，定州州吏持牒来迎时，他在牒尾写了一首诗，其中有"自爱小窗吟好句，不随五马渡江来"之句，表示不愿再做官，要以著书自娱。

胡彭述，胡震亨之父，喜读书、藏书。筑有"好古堂"藏书处。所藏多为秘册异书。编有《好古堂书目》，《自序》中云："以故藏书几至万卷，亦云盛矣。"名噪一时。胡震亨承其业，一生嗜书如命，出版家张元济称他为"吾邑第一读书种子"。其在《读书杂录》中自述："余自幼好读书，老而念岁月无几，嗜读尤勤。每披卷，惟恐客至，妨吾所事也。"著有《靖康资鉴录》《秘册汇函》《唐音统签》等多部作品。《秘册汇函》是一部类书，是他和江苏藏书家汲古阁主人毛晋共同校勘并刊刻的。后来毛晋刻的《津逮秘书》，即取《秘册汇函》之残版增订而成。毛晋之汲古阁以刻书著称天

好古堂

边款：好古堂为明胡彭述藏书之处。甲午夏月，西泠管凌作。

下，多得胡震亨的帮助。《海盐县志》上云："凡海虞毛氏书，多震亨所编定也。"因此，《津逮秘书》《宋六十名家词》等汲古阁刊印的巨著，均有胡震亨之题跋。

胡震亨为著名学者，毕生治唐诗，所辑《唐音统签》凡十集，前九集皆录唐诗，成为清代编《全唐诗》蓝本；第十集《唐音癸签》为诗话，是研究唐诗的重要著作。

胡震亨还是一位刻书家，刊刻的图书有《秘册汇函》《幽兰居士东京梦华录》等。山东图书馆、上海图书馆、天津图书馆藏有《秘册汇函》残卷。

今武原街道大虹桥镌有二对联：其一"曾有文星居卦弄，依然翠影拂烟桥"，其二"涛声诗韵共史千古惑，博儒长虹来悦八方"，以此纪念先贤胡震亨。

嘉兴历代藏书楼

胡震亨像

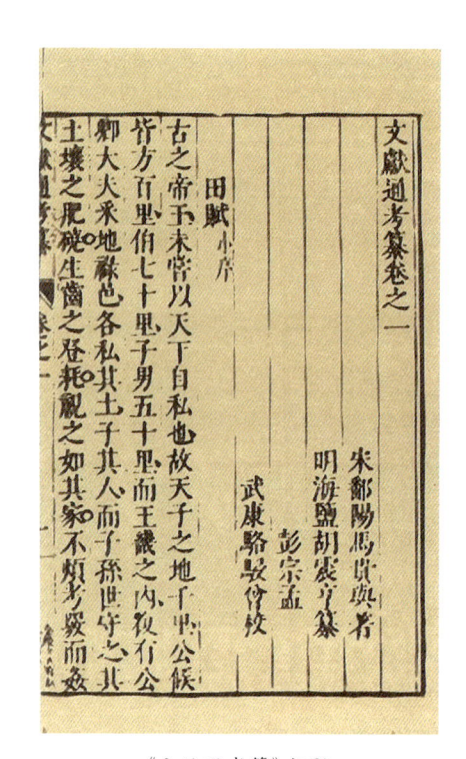

《文献通考纂》书影

《海盐县图经》书影

07 涉园

涉园为清代著名藏书家张惟赤的藏书处，建于海盐南门外乌夜村（今海盐县新桥南路和秦山大道东侧，红木桥南侧）。

张惟赤（1615—1676），字君常，号螺浮，海盐人。出版家张元济的九世祖。张元济《涉园题咏续编序》云："余家涉园，为大白公读书之处，创于明万历之季，逮螺浮公始观厥成。林泉台榭，为一邑之胜。历康、雍、乾、嘉四朝，修葺不废。四方名士至余邑者必往游，游则必有题咏。"

"涉园"，俗称"张家大园"。"大白公"是张惟赤之父张奇龄（1582—1638），字子延，号符九，别号铁庵。明万历进士，曾持杭州虎林书院，以学识渊博驰誉江南。晚年在海盐南门外筑"大白居"，避闹市以读书。著有《笥集》《百铁庵集》《识大编》等。并为张氏后人立下家训："吾宗张氏，世业耕读。愿我子孙，善守勿替。匪学何立，匪书何习。继之以勤，圣贤可及。"

张惟赤是张奇龄次子，顺治朝进士，授户部山东司主事，为官以直言敢谏著称。后引疾归田，将其父的"大白居"拓建，改名"涉园"，蓄意搜集藏书。至乾嘉之际张元济六世祖张宗松一辈时，藏书之富达到巅峰，除家族公有的"涉园"旧藏外，兄弟九人中至少有六人以藏书著名，其中张宗松为最。以其"清绮斋"为例，书目所藏共

涉园

边款：涉园，清代著名藏书家张惟赤藏书之处。壬寅，管凌作。

有一千五百五十九部，一万余册。藏书印有"海盐张氏清绮斋藏书"等。著有《寒坪诗钞》《扪腹斋诗集》四卷等。时吴骞、鲍廷博等诸藏书大家，屡至"涉园"借书、抄书、校雠，一时名公名流交口称荐，成就书林佳话。

张胗（1640—1709），号小白，别号皜亭，张惟赤之子。康熙元年（1662）举人。承其父业，亦喜藏书，藏书极富，筑"守白斋""研古楼"藏书处，藏有宋本《源流至

《海盐张氏涉园藏书目录》书影

涉园全景

张元济纪念室

清初海宁画家查昉绘制的《张氏涉园图》

论》等。尝请王补绘《涉园图咏》长卷,遍征当代名人题咏。藏书印有"涉园主人鉴赏"等。"涉园"在藏书、园林建筑等方面皆为一邑之胜,名播江浙。

张氏一门中落后,公有的"涉园"藏书先售于苏州书肆,各房所有的"清绮斋""芷斋""研古楼"等藏书,相继散佚。清咸丰年间太平军攻入海盐时,"涉园"名胜毁于兵燹而告荒废。今旧迹无存。

张氏"涉园"藏书延续数百年,张元济为恢复"涉园"而致力于收购"涉园"旧藏图书,在数十年中搜罗海盐及嘉兴府地方文献极多。其中海盐先贤遗著三百五十五部、"涉园"先世著述刊印及旧藏一百零四部,共九百三十五部、三千七百九十三册,汇编成《海盐张氏涉园藏书目录》。

2013年张元济图书馆东区(老馆)改建落成,当地为延续"涉园"之藏书,读书之精神,将"涉园"二字移至本为园林式建筑的老馆,内设商务新老版本藏书楼、张元济先生纪念馆。

家住城南乌夜村　　　　　　　张奇龄为张氏后人立下的家训（张元济图书馆提供）

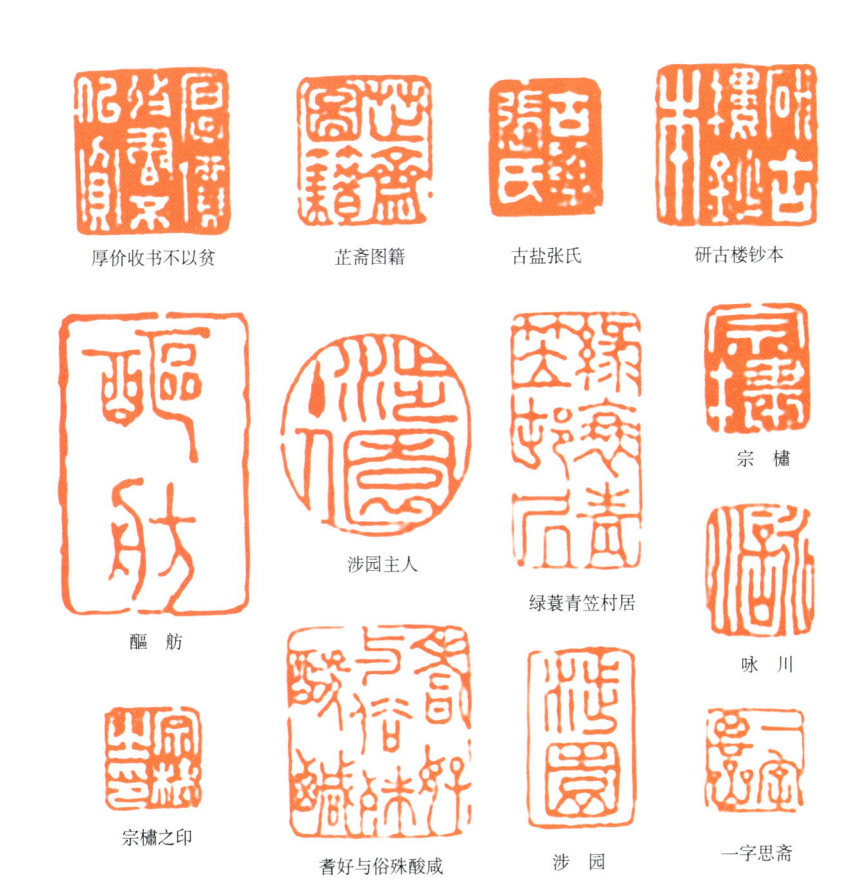

厚价收书不以贫　　芷斋图籍　　古盐张氏　　研古楼钞本

醖舫　　涉园主人　　绿蓑青笠村居　　宗橚

宗橚之印　　耆好与俗殊酸咸　　涉园　　一字思斋

清代海盐藏书家张宗橚所制部分藏书印

08 冰玉堂

冰玉堂为清代金石篆刻家张燕昌的藏书处，建于栖真观附近（今海盐县武原街道东北方向）。

张燕昌（1738—1814），字芑堂，号文鱼，别署金粟山人，海盐人。藏书家、篆刻家、金石学家。嘉庆元年（1796）举孝廉方正。张燕昌好古嗜学，一生所见古书甚多。藏书处曰"冰玉堂""娱老书巢"，藏书以精品见称。曾向吴骞借书数种校其藏本，与藏书家鲍廷博友善。鲍廷博曾以宋刻《汤注陶诗》八卷赠送张燕昌，旋被周春以叶元卿梦笔生花大圆墨（重500克）强易之去。又奔走数千里，至河北易州山中，搜得周在浚所著《南唐书注》十八卷，为时罕见之书，极少流传。

张燕昌勤奋好学，擅长篆、隶、行、楷书，精金石篆刻、勒石，工画兰竹，兼善山水、人物，亦精竹木雕刻，皆俟然越俗，别有意趣，为浙派创始人丁敬高足。

精飞白，试以飞白体入印，被誉为浙派篆刻的"负弩前驱"。海盐文人治印之风，始自张燕昌。曾至宁波天一阁研究北宋石鼓文拓本，后勒石于家，并名其书斋为"石鼓亭"。亦曾师从嘉兴张庚，又在杭州与梁同书、翁方纲探讨考释，终日不倦，多有创见。

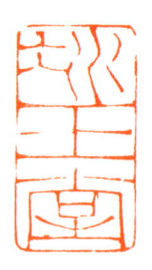

冰玉堂

边款：张燕昌，字芑堂，号文鱼。清海盐人。乾隆四十二年优贡。擅书画，精金石篆刻。丁敬高弟。著有《金石契》《飞白书录》《石鼓文释存》《芑堂印谱》等。冰玉堂为藏书之所。甲午夏，后学管凌作记。

张燕昌善鉴别，凡商周铜器、汉唐石刻碑拓，潜心搜剔，不遗余力。曾自摹古文字为《金石契》，收录吉金贞石资料达数百种。藏书印有"芑堂手拓""石鼓亭""张氏燕昌藏""金粟山人"等。著有《金粟笺说》《金石契》《三吴古砖录》《古来飞白书考》《石鼓文释存》《芑堂印存》《续鸳鸯湖棹歌》等。

张燕昌像

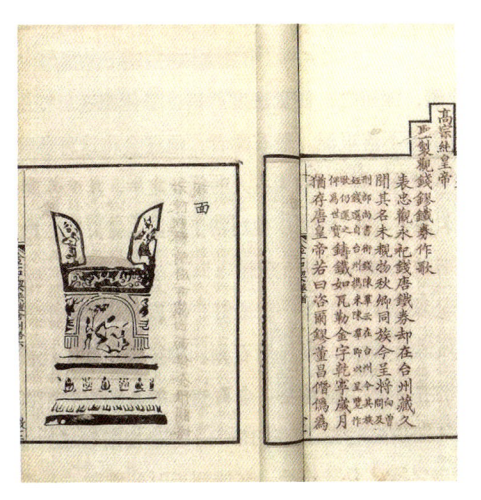

《重定金石契》书影

《石鼓文释存》，聚学轩刻本

⑨ 醉经楼

醉经楼为清代藏书家黄锡蕃的藏书处,建于海盐城内(今海盐县武原街道)。

黄锡蕃(1761—1851),字晋康,号椒升、时安老人,海盐人。书法家、藏书家、书画鉴藏家。少年卓荦,有江夏无双之名。嘉庆三年(1798)应试,越二年,以布政司都事,署上杭典史。家资颇富,性喜典籍,尤精鉴赏。遇金石、书画、古籍,不惜重金购置,间与友朋鉴赏品论。

黄锡蕃辞官归里后,建"醉经楼"藏书处,藏书颇丰。日坐其中,校勘、著述。与藏书名家黄丕烈交往密切,黄丕烈《士礼居藏书题跋记》言:"海盐黄椒升,余二十年前友也。颇藏书,最喜金石,尤好蓄古印,兼精篆刻。尝往来吴门,从潜研老人游,故余得订交焉。每至郡,必携古书相质证,余时或得之。"藏有元庄肃所著、罗凤手钞本《画继补遗》二卷,吕无党手钞本《后村居士集》,旧钞本《侍郎葛公归愚集》,校宋本《孙尚书内简尺牍》等。有藏书印"黄氏晋康""锡蕃""升""爱日以学及时以行""武原醉经堂""读易画梅之室""武原黄氏醉经楼"等。

著有《古陶录》、《闽中录异》二卷、《闽中书画录》十六卷、《醉经楼存稿》六卷、《续古印式》二卷、《金石考》、《金石表》、《刻碑姓名录》三卷等十余部;编有《醉经楼书目》《醉经楼印谱》。

黄锡蕃亦刻书,工八分,善治印。嘉庆年间所刻《飞白录》二卷,中国国家图书馆、南京图书馆有藏;《英石砚山图画记》一卷,中国国家图书馆有藏。

醉经楼

边款:黄锡蕃,字晋康,号椒升,海盐人。清书法、篆刻家,藏书家。性喜典籍,尤精鉴赏。筑醉经楼为藏书处。甲午秋月,管凌作。

⑩ 倚晴楼

倚晴楼为清代剧作家黄燮清的藏书处,建于海盐南门(今海盐县武原街道绮园内)。

黄燮清(1805—1864),原名宪清,字韵甫,号吟香诗舫主人,海盐人。剧作家、诗人。道光十五年(1835)举人,后屡应会试不第,以实录馆誊录用为湖北知县,未赴任。从此怡情山水。修葺县城南门别墅拙宜园,改"晴云楼"为"倚晴楼",后又购得砚园废址,栽花种竹,自号"两园主人"。每日与知友觞咏其间,以诗词自娱。海盐籍画家李修易等人亦常来此与黄燮清唱和。因黄燮清之邀,李修易为之作《倚晴楼图》手卷,嘉兴张廷济题额并跋,黄燮清、吴廷燮、钱符祚等十三人补跋。《倚晴楼图》现为海盐县博物馆收藏,手卷长九百厘米、宽三十厘米,树荫浓郁,峰石参差,小桥流水,曲径通幽,楼阁高耸,极富诗意,有"云气腾溢,翠岫葱茏"之感。卷首题额隶书"倚晴楼"三字,凝丽工谨,雅洁匀称。

黄燮清才华横溢,既长戏曲,又擅长诗词、山水画。早年作有传奇《帝女花》《桃溪雪》《茂陵弦》《凌波影》《脊令原》《鸳鸯镜》《居官鉴》,合称"倚晴楼七种曲"。著有《倚晴楼诗集》《倚晴楼诗余》《国朝词综续编》《乐府》等。另有传奇《玉台秋》《绛绡记》。创作的乐府诸词,时广为流传,影响很大,是道光、咸丰年间颇负盛名的戏曲作家。

咸丰十一年(1861),太平军攻克海盐,黄燮清避往湖北,不久病故客地,倚晴楼被兵火所毁。

倚晴楼

边款:黄燮清,字韵甫,号吟香诗舫主人,海盐人。著名剧作家、诗人。倚晴楼为藏书之处。后又购得砚园栽花种竹,自号两园主人。甲午新秋八月,管凌作。

《倚晴楼七种曲》清刻本(现藏于海盐县博物馆)

11 补萝书屋与铁村草堂

嘉兴历代藏书楼

补萝书屋

铁村草堂

边款：补萝书屋。甲午，管凌。

边款：吴东发，字侃叔、耘庐，号芸父。清藏书家、书画家。筑铁村草堂为藏书之处。甲午秋月，管凌作于忘机。

　　补萝书屋与铁村草堂为清代藏书家吴文晖和吴东发父子的藏书处，建于铁匠营（今海盐县澉浦镇澉长路南）。

　　吴文晖（生卒年不详），原名文阵，字翼万，号灯庵，澉浦人。诗人、藏书家。乾隆十二年（1747）举人。笃学敦行，以经术教授，远近宗仰，时称"大师"。喜藏书、著述，藏书甚富。对收集乡邦文献尤重。藏书处名为"补萝书屋""灯庵"。光绪《海盐县志》载："积书数万卷……澉清百年来，人文散佚，文晖悉力搜采，文献赖以有征。"著有《灯庵诗钞》三卷（《补遗》一卷）、

《澉浦诗话》二卷、《补萝书屋日记》一卷、《灯庵藏书跋尾》一卷等。

吴东发(1747—1803),吴文晖次子。初名旦,字侃叔、耘庐,号芸父。藏书家、书画家。少年即工诗文,以奇崛高古为特色。嘉庆元年(1796)贡生。早年崇奉理学,壮年潜心于经学,尤精通《尚书》。承父业,亦嗜藏书、著述,藏书处有"铁村草堂""遵道堂"。

吴东发工书画、篆刻,时有"大篆吴东发,小篆邓石如"之称。山水师法吴镇,以苍莽清俊见长。虽一介布衣,但声誉极高。尝从钱大昕游,大昕引为畏友。浙江巡抚阮元慕名微服至澉浦登门造访。受阮元之聘,参与编辑《经籍纂诂》。通金石文字,阮元的《积古斋钟鼎彝器款识》吸收其不少见解。

著有《遵道堂诗文稿》《澉浦诗话》《读经笔记》《书序镜》《尚书后案质疑》《经韵》《六书述》《石鼓读》《钟鼎款识释文》等近二十种。

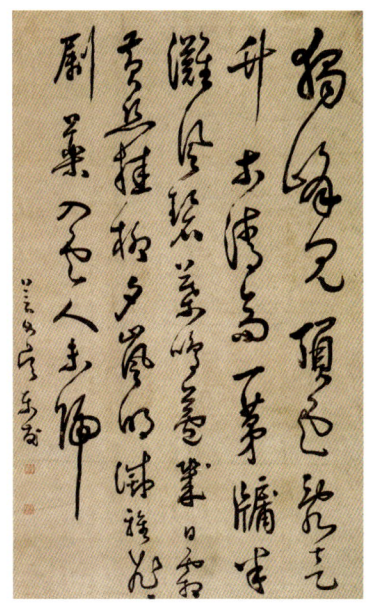

吴东发草书七言诗(沈光莹旧藏)

12 樊桐山房

樊桐山房为清代藏书家朱炎的藏书处。

朱炎（生卒年不详），初名琰，字桐川，号笠亭，又号樊桐山人，海盐人。学者、藏书家。曾历主金华、吴江等书院。时称"嘉禾七子"之一。乾隆三十一年（1766）进士。任江西巡抚幕僚，后直隶阜平县令。主张"学而求其实用，有禅于国计民生者"。为政清廉，曾捐俸重建学舍。

朱炎长画山水，精鉴别。在江西时，留心瓷业，通过考察当地窑器烧制方法与成品，结合参考经史子休中的有关文献，写成《陶说》六卷，成为我国第一部陶瓷史，在国内外颇有影响。

朱炎喜藏书、刻书，收藏甚富。藏书处名"樊桐山房"。工诗文，精小学，著述丰富。有藏书印"樊桐山房""烟云供养""龙门百尺""一编文字""一炉香""笠亭""琰"等。著有《金华诗录》《笠亭诗集》《明代诗钞》《金粟山人遗事》等，编有《学诗津逮》八种十卷。乾隆年间，刻自辑《明人诗钞》十四卷、《续集》十四卷，清华大学图书馆、上海图书馆、山东图书馆、天津图书馆、浙江图书馆有藏；《笠亭诗集》十二卷，中国国家图书馆、北京大学图书馆、上海图书馆、复旦大学图书馆有藏。

阜平县素无志书，朱炎组织编纂，可惜未及完成，便因积劳过度，卒于任上。

樊桐山房

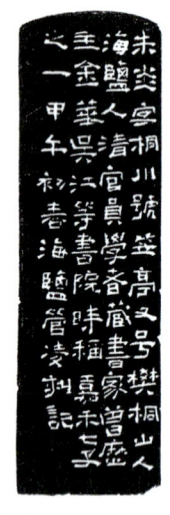

边款：朱炎，字桐川，号笠亭，又号樊桐山人，海盐人。清官员、学者、藏书家。曾历主金华、吴江等书院，时称"嘉禾七子"之一。甲午初春，海盐管凌刻记。

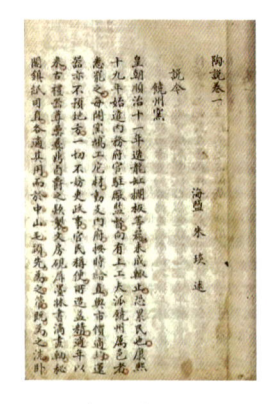

《陶说》书影

13 汉唐斋

汉唐斋为清代藏书家马玉堂的藏书处，建于丰山(今海盐县秦山街道丰山村)。

马玉堂(生卒年不详)，字笏斋，号秋药，别号扶风书隐生，海盐人，居丰山。藏书家。道光元年(1821)副贡。

马玉堂喜搜购善本，庋藏秘籍甚丰。光绪《海盐县志》云："性耽书籍，闻人有善本，必辗转购录，庋藏秘册甚多。杜门雠校，未尝谒官府。"因藏宋元刊本秘册颇多，如宋刻《两汉会要》《重校证活人书》，元椠《国朝名臣事略》《方是闲居士小稿》等。得《两汉会要》和《新唐书》，故藏书处名"汉唐斋"，又有"红药山房""庚申阁""读史经舍"等藏书处。编有《马氏钞藏书目》二卷。有藏书印"玉堂""笏斋""汉唐斋""扶风书隐生""马笏斋藏书记""古盐马氏""武原马氏藏书""红药山房""游好在六经""笏斋藏本""购此书甚不易愿子孙勿轻弃"等。著有《历代编年藏书纪要》《论书目绝句》《十国春秋补传》《读书敏求续记》，辑有《蒙古流源》八卷等。

咸丰年间太平军攻入海盐后，马玉堂所藏书籍大多散佚。其中大部分藏书后被湖州陆心源"皕宋楼"、杭州丁国典"八千卷楼"购藏，温州孙衣言和孙诒让父子"玉海楼"亦得部分，今浙江图书馆亦藏数种。而其镇楼之宝《两汉会要》《新唐书》两书，陆

汉唐斋

边款：汉唐斋。马玉堂，字笏斋，号秋药，别号扶风书隐生，海盐人。居丰山。清代藏书家。得汉唐旧书，遂名汉唐斋。管凌作。

树藩有言:"汉唐两书,则一书归朱氏,一归川沙沈氏。"马玉堂售于"皕宋楼"之秘书,现存日本东京静嘉堂文库,而流入杭州"八千卷楼"之秘书,南京图书馆有"八千卷楼"专藏。

古盐马氏

马玉堂

笏斋

笏斋珍藏之印

汉唐斋

马玉堂藏书印

14 竹隐庐

竹隐庐为清代兵部尚书徐用仪的藏书处，建于总铺弄内（今武原街道海滨东路33号后）。

徐用仪（1826—1900），字吉甫，号筱云，海盐人。咸丰九年（1859）举人。历任军机章京、总理各国事务衙门行走、太仆寺少卿、大理寺卿、都察院左都御史、兵部尚书等职。

"竹隐庐"在徐府别业的"徐园"中。徐园，俗称"徐家花园"，是清光绪年间徐用仪的私家园林，建于清朝道光至咸丰年间，位于县城总铺弄内。

徐府俗名"尚书厅"，厅内高悬光绪皇帝题写的"天官司马"之御赐匾额。徐园占地十余亩，园内洞门廊榭，亭台楼阁形态各异。竹隐庐位于徐园正中偏南，原是徐用仪父亲徐槐庭的藏书处"自得斋"，亦是徐用仪与弟弟自幼读书的地方，屋前"花木频繁，靠东北隅有地数亩，竹数百竿。均为先祖种植"。徐用仪非常喜欢这些竹子，以致后来在京城做官时也常梦见它们，他在《竹隐庐记》中云："丙子回京供职，也遂不复措意，一夕忽梦一小印，文曰'竹隐庐'，便遂号竹隐。"

竹隐庐内窗明几净，庐前假山玲珑，花木扶疏，有池塘一方，塘南另有假山一座，下通流水，上架小桥。东廊外有一圆形洞

竹隐庐

边款：竹隐庐，清代兵部尚书徐用仪读书、藏书处。壬辰，管凌。

海盐篇

徐用仪像

《清史稿·徐用仪传》稿本，现藏于台北"故宫博物院"

门，可通东院角门。廊壁嵌以长方形贴石碑二十余方，记载园之兴建始末及时政疏章，间有文人墨客在园中雅集唱和之作。进角门后，建有"杰阁"，亦称"观海楼"，也是徐用仪的藏书处，登楼可远眺园外景色。光绪二十年（1894），中日甲午战争爆发，徐用仪因与李鸿章等力争主和，而被主战派弹劾，解甲归田。

归家后的徐用仪，隐居在竹隐庐，每日读书、著述。著有《竹隐庐诗草》等，纂《海盐县志》。后徐用仪复职。庚子之役，其上书力陈，触怒慈禧，因言取祸，遇害，时年七十四岁。葬于南北湖邵湾。

1938年5月徐府被日军纵火烧毁。园林建筑及树木则在二十世纪五十年代被拆除。幸存造园图三十二幅，弥足珍贵，园林专家陈从周教授发现后，收入《说园》一书。

15 涵芬楼

涵芬楼为近代出版家张元济发起创办的公藏私立图书馆，是商务印书馆设立在上海的藏书楼。

张元济(1867—1959)，原名元奇，字彼斋，号菊生，海盐人。出版家、版本学家。清光绪十八年(1892)进士，官至总理衙门各国事务章京。曾参与维新变法活动，受光绪帝单独召见。维新运动失败后，即南下赴沪。1902年加入商务印书馆并任编译所所长、董事长等职。1949年后，继任商务印书馆董事会主席，任上海市文史研究馆首任馆长。

张元济自任商务编译所所长起，由于编辑工作需要，即着手搜购图书，筹备建立编译所内部图书室，供编译所同人参考。光绪五年(1879)，收购了绍兴徐维则镕经铸史斋的全部藏书，并正式设立"涵芬楼"，专门存放收集到的古籍文献和其他书刊资料。

张元济为保存善本古籍，自称其访书之途为"求之坊肆，丐之藏家，近走两京，远驰域外"。不仅将长洲蒋凤藻秦汉十印斋藏书、太仓顾氏搜闻斋散出的书罗入涵芬楼，且在民国初年又获得盛昱的意园、端方的匋斋、丁日昌的持静斋、缪荃孙的艺风堂的不少善本。民国七年(1918)，闻《永乐大典》数册在北京出现，即托人代

涵芬楼

边款：一九〇四年，张元济创设涵芬楼，取"涵善本书香知识芬芳"之意。一九〇九年定名涵芳楼，一九一〇年底改称涵芬楼。甲午三月朔，西泠印人管凌作。

购，但当得知三册已为日本人所购，急致电友人愿以两倍之价争购，决不令其"绝迹于中土"。

张元济"每至京师，必捆载而归"，甚至在自家门上张贴"收买旧书"四字，贾人持

张元济像

张元济行书对联(张元济图书馆提供)

书叩门求售。1928年远赴日本搜求我国流出之孤本秘籍,访问了静嘉堂文库、日本宫内省图书寮等多处,分别借照了宋刊《论语注疏》、元刊《山谷外集诗注》等数十部。此外,还凭借个人名望及商务之声誉,采取抄书等形式向公私藏家移录副本或分别借照,以扩充涵芬楼藏书。在其主持下,商务印书馆整理校勘出版了许多对后世影响极大的古迹丛书,如《四部丛刊》等多种大型古迹丛书,均藏入涵芬楼。

1921年,张元济提议创办公共图书馆。商务印书馆在上海宝山路商务总厂对面建造了一幢四层钢筋混凝土大楼,将涵芬楼藏书移入,定名为"东方图书馆",于1926年对公众开放。藏书达四十六万三千册,图片、照片五万余幅。无论是藏书

张元济楷书对联

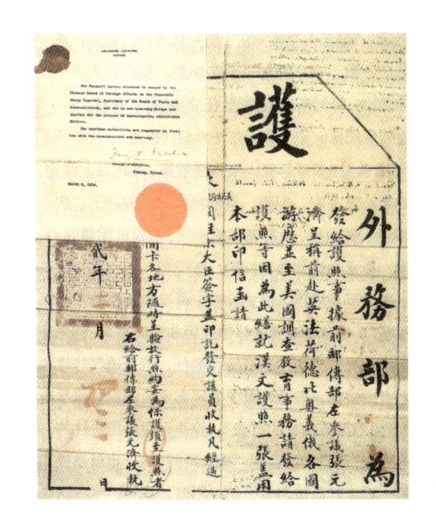

质量还是数量,均在全国首屈一指。

1932年"一·二八"事变,商务印书馆总厂被炸毁。后日本浪人又潜入东方图书馆纵火,除事先存放在银行保险库中的五千册宋元版善本外,馆内藏书均化为乌有。此后张元济等人联合创办起合众图书馆,不仅将旧藏嘉兴、海盐先哲遗著,张氏先人刻印的书籍悉数捐献给合众图书馆,还将原存放于东方图书馆的书籍、日记及信件等移存合众图书馆。

1953年,经张元济等人倡议,董事会会议决定将合众图书馆捐献给上海市历史文献图书馆,1958年并入上海图书馆。

上海东方图书馆旧影(张元济图书馆提供)

清宣统二年(1910),张元济赴各国考察时使用的护照及签证(张元济图书馆提供)

16 安乐康平室

安乐康平室为近代藏书家朱彭寿的藏书处。

朱彭寿(1869—1950),字小汀,号述盦、寿鑫斋主人,朱丙寿弟,海盐人。学者、藏书家。尚胥里朱氏是海盐望族,"其驰声艺苑者,代不乏人"。

光绪二十四年(1898)进士,先后任典礼院直学士、陆军部右丞、左丞,湖北宜昌关监督等职。晚年寓居北京西总布胡同十九号,著书自娱。曾参与汇集清代学术文化史资料,分纂《清儒学案》,历时八年。

朱彭寿一生好藏书,如梅里忻宝华"不暇懒斋"藏书散出,朱彭寿不惜重金购得,均得善本。所藏之书达数十万卷。筑藏书处"安乐康平室""寿鑫斋"贮之。有藏书印"海盐朱氏寿鑫斋藏书印""武原朱彭寿印"等。著有《旧典备征》六卷、《古今人生日考》十二卷、《述庵诗草》、《皇清纪年五表》三十二卷、《安乐康平室随笔》等。其中《安乐康平室随笔》所记题材广泛,除典章、人事外,兼及诗词、文字音韵、版本目录、古钱书画等,特别是对义和团、洋务运动的记载,有较高的史料价值,为学者所重视。朱彭寿在《安乐康平室随笔》卷六中自称:"余自弱冠通籍后,浮沉人海,殆无日不与书籍相亲,涉猎既久,遂随时皆有辑述。今年逾七十,笔砚已荒,然料捡陈编,皆数十年来

安乐康平室

边款:朱彭寿,字小汀,号述盦,又号寿鑫斋主人,海盐尚胥里上村人。一生好藏书,所藏之书达数十万卷。筑藏书处安乐康平室。壬辰九月,管凌作。

海盐长木桥，朱俊摄于1937年5月（朱元春提供）

耗思殚神，未忍弃置，爰仿梁茝林中丞《归田琐记》例，姑录存其目，付后人知之，俾无散失去。"《嘉兴市志》（1997年版）列近代海盐藏书家三人：张元济、朱彭寿、朱希祖，足见其藏书之盛名。

《安乐康平室随笔》书影

17 郦亭

郦亭

边款：郦亭为近代学者朱希祖先生藏书之处。甲午春，管凌作。

郦亭为近代学者朱希祖的藏书处，建于后宰门（今南京市清溪村1号）。

朱希祖（1879—1944），字逖先，又作迪先。清道光年间状元。朱昌颐族孙，为海盐朱氏尚胥里派第二十三世。尚胥里朱氏自元朝元贞年间迁居海盐，至朱希祖已六百年。世代以耕读传家，明清两代共出过进士十三人。藏书家、史学家。少年时，跟随父亲朱槃读书。1927年任清华大学及辅仁大学教授，发起成立中国史学会，后历任北京大学史学系主任、广州中山大学教授兼文史研究所所长等。

朱希祖为收集古籍奔走南北，以求善本。据传其购书出手之豪，无人能及。曾挟带巨额现钞，周游于各家书店，进行大批采购，毫不吝惜金钱。还经常预付现金给代理书商，因此这些书商一旦有好书，便首先送至朱希祖处。致使许多私人藏书家，乃至图书馆都无法与之竞争。

朱希祖以"好书何必惜兼金"之豪爽作风，至二十世纪二十年代，其所藏南明史名列全国公私第一。据《郦亭藏书目录》统计，有四千余种，分经、史、子、集和海盐地方史志五个部分。由于他是一位历史学家，且特别注重南明史的研究，故史部书籍最多，占全部藏书的一半，有两千余种，其中南明史书籍五百余种，占四分之一。其藏书全盛时期达二十五万册，百余万卷。其中不乏善本与孤本，如明钞宋本《水经注》被王国维誉为"郦书旧本第一"，王国维与章太炎先后为此书作跋，钱玄同、沈兼士、许寿裳、许东四先生为此书题款，后来胡适之先生也为此作了校勘并写有后记《记朱逖先家钞本〈水经注〉》，朱希祖视此书为镇室之宝，又因该书为郦道元所著，故名其藏书楼为"郦亭"。章太炎为

朱希祖籀(马衡刻) 　朱逖先(马衡刻)

海盐上水村翰林第,右为德馨堂旧宅。朱偰摄于1937年5月(朱元春提供)

朱希祖(马衡刻)　朱希祖

郦亭(钱瘦竹刻)　朱偰(钱瘦竹刻)

朱希祖藏书印

北京大学国文门第四次毕业摄影(前排坐者依次为:朱希祖、钱玄同、蔡元培、陈独秀、黄侃,朱元春提供)

其书匾。有藏书印"郦亭""朱希祖""逖先读过"等。著有《郦亭藏书题跋记》《新梁书艺文志》《晚明史籍考》《中国文字学》《中国史学通论》《中国文学史论丛》《明季史籍题跋》等。

朱希祖逝世后,藏书归其子朱偰。1949年后,朱偰将南明史部分书籍及一些宋刻本分别捐献给了中国国家图书馆和南京图书馆。《尚书孔传附释义》收藏于台北图书馆。

朱偰故居位于清溪村1号,2009年被南京市政府列为重点文物保护单位。

海盐篇

139

18 桂影轩

嘉兴历代藏书楼

桂影轩为近代书法家谈文缸的藏书处,建于东南隅九宫弄(今海盐县武原街道东城门附近)。

谈文缸(1878—1939),字麟祥,号梦石,海盐人。清末举人。书法家、诗人。精书法,尤工小楷。曾师从金山名儒高吹万。为南社社员。先后执教于邑中冯氏家塾、县立第一高等小学、志成女校等。1926年起在县城东南隅九宫弄之谈氏旧宅自办谈氏学塾。

教学上,谈文缸身体力行,潜移默化,在授以词章之学的基础上着重培养学生的道德情操。每天入学后,先让学生临字帖一张,然后再读课文,依次背诵,再讲新课。下午以毛笔正楷抄缮当天新课,然后诵读新课。间有考试,或讲些文字、音韵的常识。他说:"师之爱其弟子,当如常人之爱其宝物,惟恐埋没。"

谈文缸嗜学不辍,藏书甚富。好刻书,书室名为"桂影轩"。著有《文章津筏》《武原先哲遗著初编》《海盐先哲遗著存目初稿》《圣师录补》《桂影轩丛刊》《梦庵三梦录》《八法丛谈》《海盐诗话》《梦石未定稿》等。

1921年,由张元济、葛嗣浵、金兆蕃主持,收录、编纂嘉兴府各县历代文献总汇《槜李文系》,张元济请谈文缸负责收辑海盐县先哲遗著。谈文缸不辞劳苦,亲自访求,得文数百篇。曾任海盐县立图书馆馆长,重视访求文献,并献家藏图书数十种入馆。

桂影轩

边款:桂影轩为民国书法家、诗人谈文缸藏书之处。壬辰,管凌。

海宁篇

01 看山楼

看山楼为元代藏书家马端的藏书处，建于黄湾里（今海宁市黄湾镇）。

马端（1252—1318），字信卿，号宗启，海宁盐官人。祖籍开封，先人于宋靖康年间南迁而定居盐官黄湾里。以盐业起家，富豪一方。学者、藏书家。因读书补宣教郎，遂以"马宣教"名之，以行称"万十一"。筑藏书处曰"看山楼""复起楼"，聚书万卷。雍正《浙江通志》记载其"与黄冈贾氏兄弟并以赀甲一郡，复起楼聚书万卷，延徐一夔、贝琼诸名儒教其子弟，并同贾氏义塾云"。

看山楼是有文献可考的海宁历史上第一座藏书楼，元末毁于兵燹，藏书荡然无存。玄孙马绚著有《看山楼集》、马秩著有《归田集》，兄弟同登进士。其十九世孙马思赞、马翼赞等均藏书甚富，以马思赞为最。

马思赞（1669—1722），字寒中，又字仲安，号衎斋，又号南楼。监生。建藏书处名"道古楼"。藏书多宋元善本，亦藏法书名画、金石秘玩。性豪迈，喜交游。诗、画、篆刻均工。著有《道古楼藏书目》《道古楼历代诗画录》《衎斋印谱》《寒中诗集》等。曾作有题为《大尖山下最佳处》诗，流传至今："林泉何处养疏慵，准拟移家占一峰。木末饱霜浓过夏，水初收潦净于冬。

看山楼

边款：看山楼为元代马端藏书之处。己亥夏，管凌作。

山阴白昼疑天雨，潮响黄昏杂寺钟。一事病夫犹当意，茯苓根护万年松。"

马思赞妻查惜为查慎行妹，与其志趣相同。家中拥书万卷，伉俪二人唱和其中，世望之若神仙中人。道古楼所藏约散于雍正二至三年间（1724—1725），部分流入同郡吴骞拜经楼。乾隆年间烟消云散，无踪迹可寻。

02 赐绯堂

赐绯堂为明代戏曲家陈与郊的藏书处,建于隅园(今海宁市盐官镇安澜园内)。

陈与郊(1544—1610),字广野,号禺阳,别署玉阳仙史,海宁盐官人。戏曲作家、藏书家、刻书家。万历二年(1574)进士。任河南推官,官至太常寺少卿。五十三岁时上疏乞归乡里,隐居盐官隅园别业,筑藏书处曰"赐绯堂",潜心著述。性嗜学,善诗文,亦工乐府。雅好戏曲。

陈与郊以刻著书增藏书,所刻书有自撰《檀弓考工记辑注》四卷、《樱桃梦》二卷、《灵宝刀》二卷、《鹦鹉洲》二卷、《隅元集》十八卷、《文选章句》十八卷,自辑《古名家杂剧》六十五卷等。

陈与郊利用家藏图书,研究戏曲、诗文,著述甚多。著有杂剧《昭君出塞》《文姬入塞》《袁氏义犬》《中山狼》《淮阴侯》五种;传奇《呤痴符》二卷、《灵宝刀》二卷、《麒麟罽》四种;另著有《隅园集》《文选章句》《广修辞指南》《杜诗注评》等十余种,载《四库全书总目》。

子陈瓛(1565—1626),初名祖夔,字季常,号增城,海宁盐官人。诸生。明末任光禄寺丞。博雅好古,工于书法,与著名书法家董其昌相友善。董其昌称其

赐绯堂

边款:陈与郊,字广野,号隅阳,盐官人。明戏曲作家,官至太常寺少卿。晚年隐居盐官隅园别业,筑藏书处为赐绯堂。管凌作。

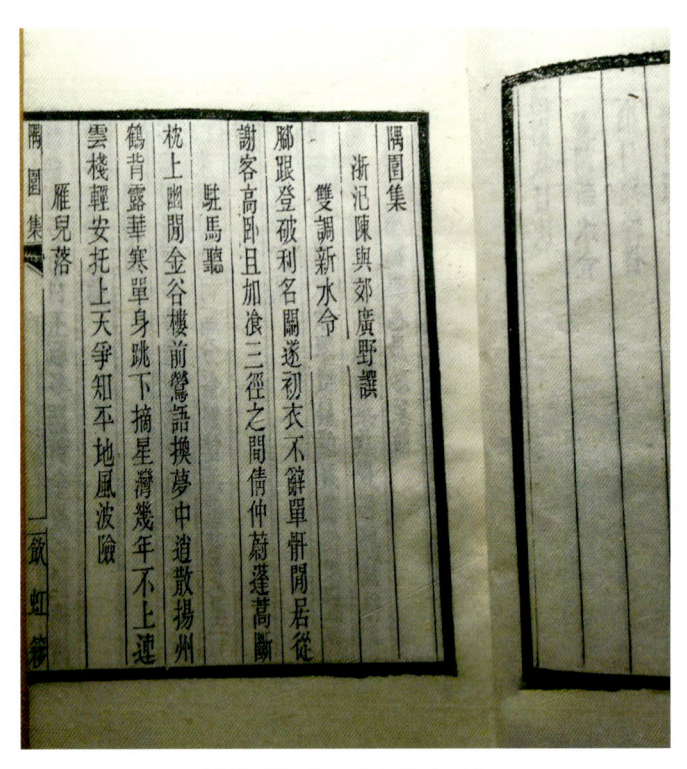

《隅园集》，成都茹古书局刻本

"深于书学，各体俱工，尤擅楷法"。陈瓛除继承其父藏书外，毕生搜集历代书法之精品，经过其鉴定镌刻传世的有《渤海藏真》《玉烟堂集古法帖》等，董其昌对此评价说"虽网罗千载，而鉴裁特精""此帖出，而临池之家有所总萃矣"。

03 万古楼

万古楼为明代藏书家祝以豳的藏书处,建于今海宁市袁花镇东村。

祝以豳(1551—1632),字耳刘,号惺存、灵苑山人,海宁袁花人。爱国将领、学者、藏书家。其出身显赫,曾祖父、祖父都是朝廷中人。父亲存溪进士出身,历官汝宁郡(今河南汝南)富守,喜好藏书。祝以豳是万历十四年(1586)进士,官至江西按察使。

时值日本入侵朝鲜,大司马石星主张招抚,祝以豳坚决反对,审慎度势,大胆上奏:"日本掠贼,朝鲜属国,今以朝鲜急而遣招抚,是弃朝鲜也。东藩折于日本,势必及我。"朝廷赞同其主张,迅速出兵渡过鸭绿江,制止了日本的侵略。

祝以豳辞官归乡后,继承其父遗留藏书,以读书著述为乐。筑"万古楼""赐书堂""贻美堂"等藏书处,藏书万卷。不仅藏书,亦好刻书,刻有《刘随州集》十卷《外集》一卷。刻自撰《诒美堂集》二十四卷,因刊刻精良,名著一时。有藏书印"祝以豳印""龙山祝氏"等。著有《虎丘悟宗禅师传》《天人合脉》《诒美堂集》等。

后藏书楼不幸遇火焚毁。据《人海记》载:"藏书之厄,如吾乡祝侍郎耳刘之'万古楼',武原骆侍郎骎曾,非流散则灰烬。"

万古楼

边款:万古楼为明代藏书家祝以豳藏书之处。己亥秋,管凌作。

《诒美堂集》书影

04 蜜香楼

蜜香楼为明末学者陆钰的藏书处,建于今海宁市斜桥镇。

陆钰(1597—1645),字尔式,号真如,祖籍海盐,海宁庆云人。学者、诗人。万历四十六年(1618)举人,同年为戊午进士。工诗文,善书画,家富藏书。建藏书处曰"蜜香楼"。游历归乡后,闭门读书,日育六经之文,手抄评述,皓首穷经,钻研学问。著有《五经注传删》《古文存法》《射山诗余》等。

明亡,绝食十二日逝,为明"殉节"。

子陆嘉淑(1629—1689),查慎行岳翁。字子柔、孝可,号冰修,晚号辛斋。清书画家、藏书家。工书画,诗清丽。书法与陈奕禧齐名。父钰绝食殉节后,陆嘉淑终身不仕。与朱彝尊、宋荦、邵长蘅等人和诗酬唱,诗作不下万首。

承父蜜香楼,藏书万卷,闻名江浙。有藏画斋曰"须云阁",聚诸多名画。有藏书印"冰修氏"等。著有《北游日记》《问豫堂文钞》《诗雅》《三颂解》《蕃外录》《景行录》《辛斋诗余》《辛斋诗话》《辛斋遗稿》《须云阁宋诗评》等十余种,辑有《陆氏本支宗谱》二卷。

顺治十二年(1655)仲冬,藏书楼突遭火灾,其藏书大半化为灰烬,收藏的四十余幅字画也荡然无存。陆氏有悼诗云:

蜜香楼

边款:蜜香楼,明代藏书家陆钰藏书处。己亥冬,管凌作。

"劫火空群相,狂花幻有因。琴书千载后,风雨十年中。"吴骞《拜经楼诗集·鬣塘杂咏》亦有诗云:"玉轴牙签触手新,多教管领画眉人。蜜香楼上连云焰,幻出狂花倘有因。"

(明)陆嘉淑行书信札

05 香梦楼

香梦楼为明代藏书家周明辅的藏书处,建于今海宁市斜桥镇周家门前。

周明辅(1599—?),字孟醇,号梦醇,海宁庆云人。藏书家。明季诸生。性嗜奇好古,潜心于收罗古今文献,在周家门筑"香梦楼"藏书处,藏书万卷。曾得高元里所选《唐诗正声》善本重刊之。

子周文衍(生卒年不详),字晦如,号行于,藏书家。为使"香梦楼"藏书永志保存,编有《香梦楼藏书目》,他在序言中记录其父"探秘笈于云阁,校奇蕴于石仓,乐此忘疲,无间寒暑",称"林宗五千卷,茂先三十乘,灿烂如列宿,磊落若联珠",先父"自先秦以降迄于皇明,提纲挈要之书,大略完备。经营校雠,讨论阐绎,四十年如一日"。

周明辅于崇祯十五年(1642)立下遗嘱曰:"秫田数顷,茅屋数椽,吾不须更为汝衣食计,所虑目不识丁,胸无泾渭,为士君子所弃,幸汝等资非下人,宁负汝父,弗负此璘璘千帙也……"后裔周文在、周春、周莲、周广业等,均以藏书名噪一时。

周文衍承香梦楼藏书。著有《杂志》《则百楼稿》《梦香词钞》等。

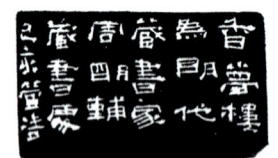

香梦楼

边款:香梦楼为明代藏书家周明辅藏书处。己亥,管凌。

06 敬修堂

敬修堂为明代学者查继佐的藏书处。

查继佐(1601—1676),初名继佑,初字三秀,又字敬修、伊璜,号与斋、左隐,海宁袁花人。史学家、书画家、藏书家。五岁起跟父亲读"四书",七岁随母亲学诗,十五岁已"文誉日起"。二十岁上,家道中落,就在当地做塾师,以维持生活。由于其声誉颇高,富家望族都争相聘请他。崇祯六年(1633)中举人。南明时,授兵部职方司主事。建"敬修堂"于铁冶岭,聚门人讲学,时称"敬修先生"。有藏书印"查氏继佐章""查继佐印""东山""继佐私印"等。

明亡后归里。清康熙二年(1663),因庄氏明史案牵连被捕入狱。后为粤督吴六奇所救。出狱后改名左尹,号非人,隐居硖石东山,仍聚徒讲学,居庐名"朴园",人称"东山先生"或"朴园先生"。

查继佐癖好历史,著作甚丰。明亡后,查继佐花二十九年时间,易稿数十次,访问数千人,终于完成明史巨著《罪惟录》一百零二卷,明末农民起义史料甚多。后经里人张宗祥校订整理,于1936年由商务印书馆出版。著有《敬修堂诗集》十七卷、《敬修堂说外》二卷、《敬修堂说隽》、《敬修堂诸子出处偶记》卷、《鲁春秋》等三十余种。

著有杂剧《续西厢》,传奇《鸣凤度》《三报恩》《眼前因》《非非想》等。

敬修堂

边款:敬修堂为明代学者查继佐藏书处。己亥冬,管凌仿缶道人。

《罪惟录》书影

07 得树楼、查浦书屋与双遂堂

得树楼、查浦书屋与双遂堂分别为清代藏书家查慎行、查嗣瑮与查嗣庭兄弟三人的藏书处,建于横涨桥附近(今海宁市袁花镇双丰村)。

海宁查氏为江南望族。康熙皇帝曾先后题写"澹远堂""敬业堂"匾额以赐。查氏不仅以"一朝十进士,兄弟三翰林"闻名遐迩,更以藏书闻名。

查慎行(1650—1727),初名嗣琏,字夏重,后改名慎行,号查田,别署悔庵,赐号烟波钓徒,袁花人。文学家、藏书家。康熙四十二年(1703)进士,翰林院编修,供职于南书房。后从军西南,随驾东北,均有所作为。

得树楼

查浦书屋

双遂堂

边款:得树楼坐落于袁花西南三里处,董皓曾有诗曰:"绿树阴阴得树楼,楼边略约跨清流。前尘一去高风邈,无复芦塘放鸭舟。"己亥,管凌。

边款:查浦书屋。己亥秋,管凌作。

边款:双遂堂。己亥七月,管凌作。

查嗣庭小像

辞官归里后,晚年筑"初白庵",取苏轼诗"身行万里半天下,僧卧一庵初白头"意,时称"白庵先生"。潜心于藏书、著述,不问世事,筑"得树楼""敬业堂"藏书处。

得树楼坐落于袁花西南三里处。朱彝尊为其题额,言"得树"者,有"百年计树人,十年计树木"之意。楼附近有芦塘,查氏在楼中读书,到芦塘放鸭。董皓《花溪竹枝词》云:"绿树阴阴得树楼,楼边略约跨清流。前尘一去高风邈,无复芦塘放鸭舟。"

查慎行藏书多且实用,质量上乘。管庭芬《拜经楼藏书题跋记》跋云:"国初吾邑东南藏书家,首推道古楼马氏、得树楼查氏,盖两家插架多宋刻元钞,而于甲乙两部积有异本,其珍守已逾数世,不仅为充栋计也。"有藏书印"查慎行印""悔余"等多方。

查慎行坐拥书山,笔耕不辍。著有《得树楼杂钞》《苏诗补注》《敬业堂诗集》等多种,纂修《江西通志》二百零六卷。《海宁州志稿典籍》记载:"得树楼藏书传至查慎行曾孙查芬手中,因乾隆三十九年清查禁书之案,得树楼藏书半入《簿录》,几至不测。"查芬则"遂绝意进取,祭诧而没"。查慎行藏书因此散出。查慎行生前未编书目,故后人难以测其数量。

查嗣瑮(1652—1733),查慎行弟。字德伊,号查浦,晚号清轩主人。学者、藏书家。康熙三十九年(1700)进士,翰林院庶吉士,授编修,与兄同在翰林院,官至侍讲。受业于黄宗羲,聪慧机敏,诗尤精妙,名与慎行相埒,时称"二查",比作宋代"二苏"。嗜藏书,藏书甚富,筑"查浦书屋"。惜藏书情况失载。著有《查浦诗钞》等多种。后因弟查嗣庭案受株连,谪遣关西,殁于戍所。

查嗣庭(1664—1727),慎行季弟。字润木,号横浦、查城。康熙四十五年(1706)进士,翰林院庶吉士,授编修。官至内阁学士兼礼部侍郎。著有《双遂堂遗集》等,今仅存《晴川阁诗》四卷,浙江图书

海宁篇

查氏初白 　　　　　查田查慎行

查慎行藏书印章

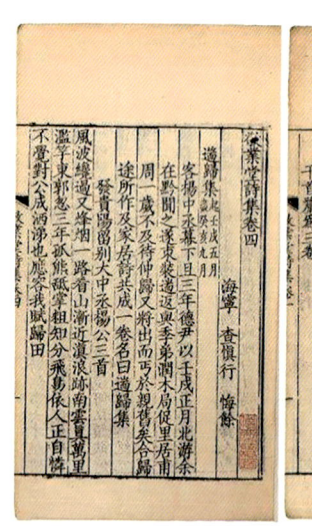

查慎行藏书《敬业堂诗集》　　　查嗣瑮藏书《查浦诗钞》

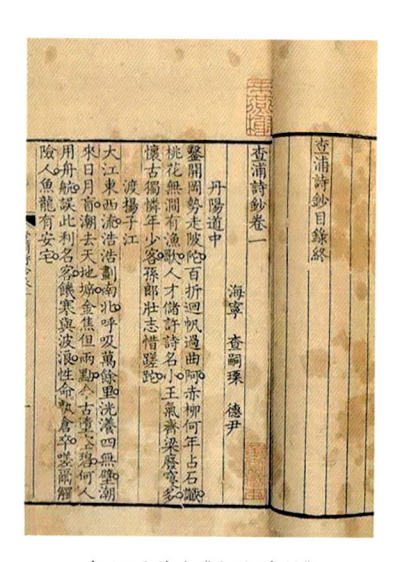

馆有藏。

　　好藏书,以藏书而名闻天下。筑"双遂堂""晴川阁"藏书处。其藏书究竟有多少,无藏书目可考。据《清稗类钞》记云:"查君以书名震海内,而不轻为人书,琉璃厂贾人贿查侍者,窃其零缣剩墨出,辄得重价。"

08 拜经楼

拜经楼为清代藏书家吴骞的藏书处，建于今海宁市马桥街道桐溪社区。

吴骞(1733—1813)，字槎客，号兔床山人，又号愚谷，晚署齐云采药翁、桐溪旅人等。先世为安徽休宁人，至其曾祖吴万钟始徙家海宁，居尖山之阳新仓里小桐溪。文献家、藏书家、诗人，时称"江南才子"。喜藏书、校书、读书、著述。陈鳣《简庄诗钞》有诗云："人生不用觅封侯，但问奇书且校雠，却羡溪南吴季子，百城高拥拜经楼。"陈鳣对吴骞的学术成就也非常倾心，在为吴骞《愚谷文存》所写序中云："吴槎客先生，品甚高，谊甚古，而学甚富，著述等身。"著有《拜经楼诗话》《拜经楼文集》《拜经楼诗文集》等二十多种。

吴骞是乾嘉年间与黄丕烈、陈鳣、鲍廷博齐名之藏书大家。但其藏书却没有先世之遗存，全凭个人辛勤搜求。他在《桐阴日省编》中云："吾家先世颇乏藏书。予生平酷嗜典籍，几寝馈以之。自束发迄乎衰老，置得书万本，性复喜厚帙，计不下四五万卷。分归大、二两房，皆不在此数……竭平生之精力而致之者也。"这些藏书的主要来源是搜集当地藏书家的书，如马氏"道古楼"和查氏"得树楼"散出的旧藏，还有与江浙藏书家互通有无，借抄借补。其藏书中有不少宋元旧刻善本，并在《拜经

拜经楼

边款：拜经楼。己亥，管凌。

吴骞像

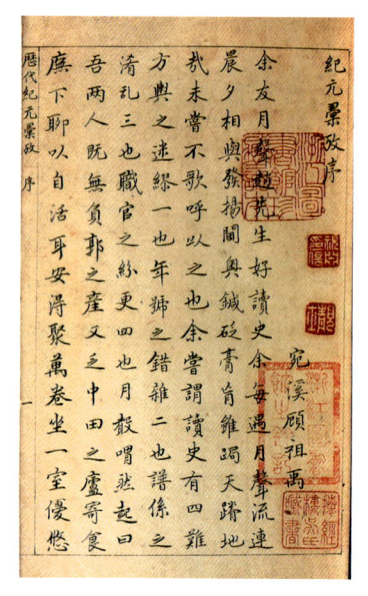

吴氏拜经楼抄本《纪元汇考》，有"拜经楼吴氏藏书"印

《拜经楼诗话》书影

楼丛书》中收刻多种，以广流传。

乾隆四十五年（1780），吴骞建"拜经楼"，楼筑成后，好友鲍廷博游新安后归，将偶得一幅明代画家郑旼绘制的《拜经图》送给他，吴骞就将其楼命名为"拜经楼"，以示尊经之意。吴骞刚建拜经楼，又得《拜经图》，深悟天意之合，欣喜之际，特赋诗记之："学古名楼事偶符，故人携赠出天都。只缘个里诗书气，不共烟云化绿芜。三径荒烟带草青，千竿纤竹自娉婷。主人未必全如我，不解穷经只拜经。"建"千元十驾"书室，专贮宋元善本。"千元十驾"之名，则与黄丕烈"百宋一廛"争胜。黄氏以家藏百部宋版于室，而傲啸藏书界；吴骞之元版虽稍逊宋版，但如十倍之，亦足可相敌。编有《拜经楼书目》《兔床山人藏书目录》。有藏书印"千元十驾人家藏本""拜经楼吴氏藏书"等二十多方。

吴骞不仅藏书，还对其家藏进行校雠题跋。其这种工作深得学者之赞誉，如陈鳣推崇其校雠题跋成就，说其对书"一楼灯火夜雠书"。黄丕烈说其"藏书甚富，考校尤精"。后其子吴寿旸曾收集吴骞宋元刻本、钞本以及名人校本、稿本等善本题跋三百二十一篇，编成《拜经楼藏书题跋记》五卷，题跋历述作者生平、版本行款、抄校流传过程和各种藏章等。对于拜经楼的存续时间，有说在太平天国时和第二次鸦片战争之后毁于兵燹，有说1937年毁于战火，学界至今尚无定论。但不管怎样，其子孙都不负其所望，世守楹书，前后延续了近百年。

09 待清书屋

待清书屋为清代学者管庭芬的藏书处，建于今海宁市斜桥镇路仲老街东边。

管庭芬（1797—1880），原名怀许，字培兰，号芷湘，晚号笠翁、芝翁，亦号渟溪老渔、渟溪钓渔师等，海宁路仲人。钱泰吉弟子。学者、画家、藏书家。诸生。少时博览群书，能诗文，善画山水、兰竹，精鉴赏、校勘和目录之学。曾馆于海宁别下斋，为藏书家蒋光煦挚友，与蒋光煦切磋探讨，并协助其校书、勘书，刊行《别下斋丛书》。

管庭芬喜藏书，尤嗜古籍，多见珍本异书著称于世。《海宁州志稿》称其"少耽异籍""生平露钞星纂，日以书卷为生活"。其藏书多来自购置。建"待清书屋""渟溪老屋""斜川馆舍""墨王楼""心亨书屋""花近楼"等藏书处。其中"花近楼"取自杜甫"花近高楼伤客心"之意。家藏钞本极富，稿本有数十种，如《海昌经籍志略》十六卷、《海昌丛载》二十卷。刻书极多，达数百种、数千卷。一生所抄图书不下数百种，现今可列出书名者就有二百五十余种。自辑自刻《一瓻笔存》，收录古籍一百一十三种，分经、史、子、集四部；《花近楼丛书》收书七十四种；《书屋杂钞》收书五百三十八种。尝佐钱泰吉纂修《海昌备志》。有藏书印"渟溪老屋""庭芬读过"

待清书屋

边款：管庭芬，字培兰，号芷湘，晚号笠翁、芷翁，亦号渟溪老渔等。海宁路仲人。清学者、画家、藏书家。建藏书楼曰"待清书屋"。庚子五月，管凌作。

"庭芬过眼""庭芬芷湘"等。

管庭芬生平著述颇多，著有《宋诗钞补》《海昌经籍著录考》《一瓻笔存》《渟溪

(清)管庭芬设色山水扇面(现藏于海宁博物馆)

老屋自娱集》《待清书屋杂钞》等数十种。所著诗稿《渟溪老屋自娱集》、《芷湘吟稿》、《渟溪老屋遗稿》(附《补遗》)三种,海宁市图书馆有藏,并收入《中国古籍善本书目》。《海宁经籍志略》和《海昌丛载》及不少钞本中国国家图书馆有藏,《芷湘吟稿》《海隅遗珠录》浙江图书馆有藏。

管庭芬亦嗜画,道光十七年(1837)之后,其画作进步很快,这得益于蒋光煦聘请其校勘、监刻书籍,由于其经常出入蒋光煦别下斋,与海宁以外的职业画家如张熊、费丹旭、翁雒等相识并成为挚交。蒋光煦延聘这些画家到海宁为其作画,管庭芬多次记载与他们登山、泛舟、观剧,甚至是对榻而眠。与他们的密切交往对其画技的提高很有裨益。

浙江省博物馆等六家博物馆收藏有管庭芬作品,其中浙江省博物馆收藏的道光二十年(1840)山水册,共十二页,有水墨、青绿、淡设色,是管庭芬较早的作品,风格平淡、率真、自然,文人气十足,与晚期另一种略显工整、严肃的作品有所不同。

管庭芬故宅后归供销社所有,今仅管家厅尚在。

10 向山阁

向山阁为清代藏书家陈鱣的藏书处,建于今海宁市硖西路。

陈鱣(1753—1817),字仲鱼,号简庄,别署新坡,海宁硖石人。藏书家、校勘家。清嘉庆三年(1798)中举。酷嗜书籍,购置不遗余力。又博古好学,是一位精通文字训诂的校勘家。与著名学者钱大昕、翁方纲等多有交往,于经学相互质难问疑,共同探讨。陈鱣比吴骞小二十岁,但二人却是忘年挚友。以毕生精力、资费,广搜图书十余万卷,其中多宋、元、明各朝刊本和珍稀刊本。由于其对经学有颇深造诣,故对经部藏书所作校雠题跋,为时人所重。这些成果都聚集在其所著的《经籍跋文》中。吴骞在为此书所写的序中曰:"简庄精敏果锐,强于记诵,而能专意于经学,又克广揽穷搜。今观所撰诸经跋文,钩深索隐,凡古本之为后之妄人窜乱芟并者,莫不审考其原来次第。而字之更改淆混者,一一校正,令人复得见本来面目。"时学术界领袖人物阮元也极为推崇,说他是"浙西诸生中经学最深者也"。著有《经籍跋文》《简庄集》《缀文》《续唐书》《恒言广证》《简庄文钞》以及《简庄诗钞》等多种。

陈鱣晚年归隐硖石,在紫微山麓筑"向山阁",亦称"紫微讲舍""六十四砚斋""士乡堂"等。有藏书印"海宁陈鱣观""仲鱼过目""仲鱼手校""陈鱣考藏""鱣读""简庄艺文"等。

向山阁

边款:向山阁,清代藏书家陈鱣藏书处。庚子夏,管凌作。

另有一方肖像章,希望后人读其书如见其人。肖像下方刻有家训式内容,文曰"得此书费辛苦后之人其鉴我"。其有小舟一艘,名"津逮舫",作为与友人吴骞、黄丕烈等访求图书、商榷文字之工具。吴骞的次子吴寿旸有《过陈简庄征君紫微讲舍》一诗,云:"新坡旧业本黄冈,卷轴丹铅说士乡。重继白公吟眺地,紫薇花下读书堂。"

陈鳣死后不久,藏书即遭散失,前后存留不过数十年。

陈鳣像

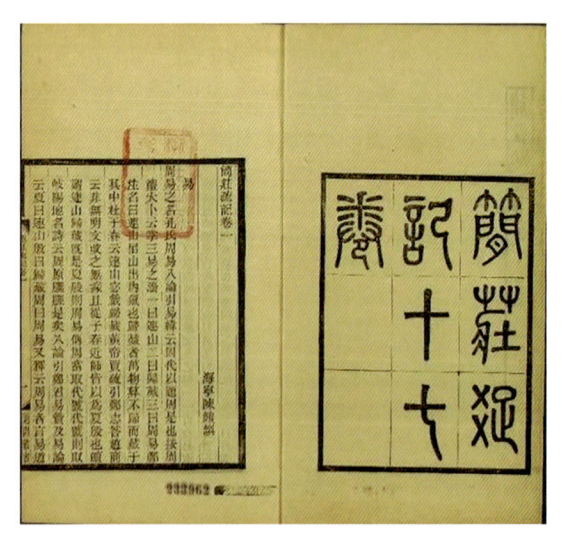

《简庄疏记》(现藏于海宁市图书馆)

11 别下斋

别下斋为清代藏书家蒋光煦的藏书处,建于今海宁市水月亭路一带。

蒋光煦(1813—1860),字日甫、爱荀,号生沐、雅山,别署放庵居士,海宁硖石人,蒋光焴从兄。十岁丧父,在母亲的教育下,自幼励志好学。喜藏书,专门收藏古籍名刻及金石书画,每遇善本,不惜千金购买。连同先世所藏,积书十万余卷,筑"别下斋""东湖草堂""宜年堂""花事草堂""慎习堂""宝米堂""思不群斋"等藏书处,其中"思不群斋"专藏明刊本。钱泰吉、俞樾、邵懿辰等学者至其家,见其所藏多影宋钞本、刻本,极为推重。其性格豪爽,又好客,兴趣广泛,音律、博弈、杂艺无不爱好。因此常延揽学者张廷济、费晓楼、管庭芬等于别下斋,校勘评论,问难析疑。俞樾"曾至其家,见图书满室,乔木蔚然,叹为方雅之族"。又"其家藏书,甲于浙右,所得多宋元椠本及旧钞本"。蒋光煦亦长于刻书,其所刻《别下斋丛书》《涉闻梓旧》,编校精当,为艺林所重。还刻有《瓯香馆集》《群玉堂、英光堂残帖》等。藏书印有"放庵居士文房之记""别下斋藏书印""光煦珍玩""蒋光煦生沐秘藏""鸟夜村农"等。

蒋光煦生平喜著述,著有《斠补隅录》《花树草堂诗稿》《别下斋书画录》

别下斋

边款:别下斋为清代著名藏书家蒋光煦藏书之处。壬寅春,管凌作。

等多部。

太平军攻入海宁城中时,其避居乡间,闻藏书楼被兵火焚毁,痛心呕血,不久即亡。

所幸的是,蒋光煦别下斋藏书经后辈收藏、整理,辑刻而流传至今。

12 衍芬草堂与西涧草堂

衍芬草堂

西涧草堂

边款：衍芬草堂。
己亥秋月，
管凌作。

边款：西涧草堂为清代著名藏书家
蒋光焴藏书处。壬寅十月，
管凌刻记。

衍芬草堂与西涧草堂为清代藏书家蒋光焴的藏书处，衍芬草堂建于海宁市硖石镇通津桥畔东河街（旧名南大街），西涧草堂建于今海盐县澉浦镇南北湖景区。

蒋光焴（1825—1895），字绳武，号寅昉，又号敬斋、吟舫，自署西涧主人。蒋光煦从弟，海宁硖石人。藏书大家。海宁蒋氏原是海盐吴叙桥蒋家村人，于乾隆中叶迁居硖石聚族而居。祖父蒋云风有子四人，蒋光煦是二房之后，蒋光焴为四房之后。蒋光焴藏书始于其祖父蒋开基（淳村），蒋开基素好藏书，藏书甚富，为浙江著名藏书家。蒋开基延名师，以教其子星纬（潞英）、星华（霁峰、光焴父），藏书楼为

"衍芬草堂"。

至蒋光焴,更广为收购,每遇善本及世所罕见之本,便不惜重金购买或求抄得之,藏书达数十万卷。他的藏书都钤有"盐官蒋氏衍芬草堂三世藏书印"。反映蒋氏藏书的有《寅昉藏书目》钞本一册,不分类,以"千字文"编号,自"天"字至"珠"字共五十六箱,六百余种;又有《衍芬草堂藏书目录》。蒋氏后人蒋雨田曾录副本珍藏,惜"文革"时散佚。今仅有朱嘉玉所辑《西涧草堂书目》钞本,藏于海宁市图书馆。

衍芬草堂位于海宁市硖石镇通津桥畔东河街(旧名南大街),约始建于乾隆末叶。为苏南厅堂式建筑,后临河,皆建有暖桥。衍芬草堂门首有门联"九侯望族,万卷藏书"。

西涧草堂位于海盐县澉浦镇南北湖,西临北湖,左傍西涧,原为海宁蒋氏庐墓,是一座五楼五底的庭院式建筑,建于清道光元年(1821)。正门首有"海昌蒋氏丙舍",门旁有楹联"万苍山接北湖北,亦秀峰临西涧西"。咸丰年间为避战火,衍芬草堂藏书曾一度藏于此。曾国藩赠联曰:"虹穿深室藏书在,龙护孤舟渡海来。"画家戴熙也感其事,作《澉山检书图》,学者钱泰吉写《澉山检书图记》,后戴图散失,画家钱曙初复作第二图,学者何绍基题诗。蒋光焴后又携藏书辗转,溯长江而上,寓武昌三载,至同治三年(1864),衍芬草堂之藏书完好返归海宁。抗战时期,蒋光焴后人将书藏于上海中国银行保险库。中华人民共和国成立后,蒋氏后裔将父辈旧藏图书悉数捐献于浙江省文物管理委员会。后分别贮存于中国国家图书馆、上海图书馆和浙江图书馆。现影印出版古籍珍本不少为衍芬草堂藏本。

浙江图书馆藏衍芬草堂书目

衍芬草堂正厅

西涧草堂藏书楼正厅（张东良摄）

衍芬草堂前厅堂即"宝彝堂"与"五砚斋"，已于二十世纪五十年代拆除，目前尚存"颐志居""北苑夏山楼""思不群斋""双峰石室"等五座厅堂。西涧草堂年久失修，1984年海盐县人民政府拨专款，按原貌修葺一新。学者俞平伯补书"西涧草堂"匾额；原上海图书馆馆长顾廷龙题"亦秀阁"楼额；建筑专家陈从周题"西涧"两字。百年来，此事一直被文坛传为佳话。

衍芬草堂与西涧草堂于1984年和1986年分别被列为市、县级文物保护单位。

13 讽字室

讽字室为清代藏书家唐仁寿的藏书处。

唐仁寿（1829—1876），字端甫，号镜香、镜掀，海宁人。学者、诗人、藏书家。少有神童之誉，十四岁补诸生。屡乡试不举，转潜心书林。读书好古，通六书、音韵之学，喜校勘。钱泰吉任海宁州学官时，唐仁寿追随其多年。

唐仁寿家资富裕，清光绪《杭州府志》卷一百四十六记载："家饶于财，大购书，累数万卷。"求购宋元以来善本，购书累数万卷，多秘籍珍本。如任大椿燕禧堂刻殷氏《列子释文》、顾观光手稿本《九数存古》九卷等。建藏书处"讽字室"贮书。与仁和罗以智、同里管庭芬，互为书友。益肆钻研，雠校经史文字疏讹舛漏，毛发差失皆能辨之，由此声名益闻。

咸丰八年（1858）太平军攻入浙中，其藏书毁于战火。好读书如故，所诣日邃。生平所著书皆未刊，独有若干卷藏于家，如《史记校勘记》。著有《讽字室文稿》《驳孟子字义疏证》《讽字室古今体诗》《评注渔洋古诗选》等。

同治年间，金陵为清军克复。曾国藩、李鸿章相继督两江，开金陵书局于冶城山，校核群籍，唐仁寿以李鸿章之荐，与汪士铎、莫友芝、张文虎、李善兰等刊刻《二十四史》，唐仁寿负责校刊《史记集解》《史记索隐》《史记正义》合注本，又分校《晋书》《南齐书》《后汉书志》。

讽字室

边款：唐仁寿，字端甫，号镜香，海宁人。清学者、诗人、藏书家。建藏书[处]名讽字室。壬寅十月，管凌作。

14 朝经暮史书昼子夜集楼

朝经暮史书昼子夜集楼为清代学者朱昌燕的藏书处,建于今海宁市硖石街道沙泗浜社区。

朱昌燕(1851—1906),原名昌龄,字与九、苓年,号衍庐,别号沙明水碧山庄主人,海宁硖石人。学者、藏书家。岁贡生,援例授训导。《海宁州志稿》记云:朱氏"资性颖异,博览群籍,专精掌故,性嗜蓄书,庋藏甚富"。居沙泗浜,建"朝经暮史书昼子夜集楼""沙滨草堂""学易斋""椒花后舫"等藏书处。据1927年费寅编撰《朱衍庐旧藏钞本书目》记载,海昌乡贤著述钞本就达二百六十种。藏书印有"香草山房藏本""嗜好与俗殊酸咸""朝经暮史书昼子夜集楼""书如水我如鱼鱼不可一日无水我不可一日无书""海昌朱昌燕原名昌龄""学易斋朱昌燕录""朝经暮史书昼子夜集楼之收藏印"等三十余方。

光绪二十年(1894)起掌教硖石东山书院十余年。五百里内,辍巍科而去者多出其门下。后被聘纂修州志,与蒋学坚同纂《海宁州志稿》,朱昌燕出力颇多。

朱昌燕学识渊博,著述丰富。著有《说方经字考证》《国朝汉学师承绩记》《国朝列女事略》《国朝海昌文征》《国朝海昌人物志》《海昌朱氏文辑》《文甲乙集》《椒花后舫诗集》《硖川朱氏收藏书目》等二十余种。

朝经暮史书昼子夜集楼

边款:朝经暮史书昼子夜集楼为清代学者朱昌燕藏书处。壬寅冬,管凌作。

未及刊印,卒后散佚。后由里人徐蓉初、张宗祥收集整理其残编,辑成《朱衍庐旧藏遗稿》八卷(《续稿》二卷)及《朱氏收藏书目》。

朱昌燕藏书散失,费寅在《朱衍庐旧藏钞本书目》题记中云:卒后,所藏"为不识字伥夫捆载以去,贱值鬻诸城中,散于北京市肆"。

(清)朱昌燕楷书《朱柏庐先生治家格言》

15 自怡斋

自怡斋为清代诗人费寅的藏书处,建于今海宁市硖石街道。

费寅(1866—1933),字景韩,号复斋,又号自怡居士。张宗祥姑夫,海宁硖石人。诗人、藏书家。陈从周《梓室余墨》有忆张宗祥文,谓:"海宁张阆声姻丈宗祥,居硖石镇仓基,曾问学于姑丈费景韩先生寅。"光绪二十八年(1902)举人,授嘉兴教谕。曾馆于南浔张氏适园,陈乃乾《上海书林梦忆录》有记:"归里后,同里有父执徐蓉初者,力裕而嗜书……又有费景韩时馆南浔张家,常回里为其府主访书,今适园丛书中所采海宁先贤遗著,皆当时费氏所访得者也。余既与此二公交游,因得略识版本,遂觉前此所购尽为糟粕,而浸渐于旧椠名钞之癖矣。"朱遂翔《杭州旧书业回忆录》则称:"又硖石费景韩为上海张石铭及嘉业堂刘翰怡二家代购书籍。"俞子林《书林岁月》又称,清末,傅增湘开始到苏州购书,张钧衡也亲自来苏州购书,并委托费景韩代购善本。

彼时往来适园谈书论艺者尚有缪荃孙、沈曾植等,尤其缪荃孙,曾于民国四年(1915)至民国五年(1916)间为张钧衡撰写《适园藏书志》。检《艺风老人日记》,在此期间,缪荃孙与费景韩往来颇密,日记中时见"费景韩来""接景韩信"诸语,其中

自怡斋

边款:自怡斋。己亥夏,管凌作。

丁巳年(1917)六月一日记:"费景韩来,校《政府奏议》一卷。点孔、耿两传。齐督军信来,书价即答之。景韩交来子龄刻书、姜文卿所刻书。"二日记:"校《政府奏议》二卷。"三日记:"复费景翰一束。"

归居硖石后,费景韩究心版本,雠校甚精。开设书肆于硖石镇,收罗古书,遇善本即介绍给各地图书馆。建藏书处"自怡斋"于下东街。藏书四五千册,乡邦文献居多。苏晓君《苏斋选目》著录有费寅钞本二部,谓费寅喜用各种乌丝栏纸抄书。藏书印有"费寅之章""景韩""复斋校读古籍印记"等。

费寅学识渊博,著述丰富。著有《复斋先生遗集》四卷(卷一《经说》、卷二《杂著》、卷三《梦禅随笔》、卷四《诗作》,张宗祥序),编有《敬修堂书目考》《朱衍庐旧藏抄本书目》。

16 紫来阁

紫来阁为清末民初藏书家徐光济的藏书处，建于今海宁市硖石街道。

徐光济(1866—1935)，字蓉初、申如，号寅庵、徐五。诗人徐志摩伯父。海宁硖石人。藏书家。徐家世代经商，家道富裕，至徐光济之父徐星甸时，开始注重收藏，广收古籍善本。徐星甸善书法，曾受聘于藏书家蒋光煦处，帮助蒋光煦抄写、校勘善本及罕见之书。

至徐光济时，除嗜藏书外，又好金石书画，且收集更甚。凡闻私家藏书有散佚，他则广为收罗，如藏书大家吴骞的拜经楼、陈鳣的向山阁旧藏流散之时，均收到一部分，在硖石南河街筑藏书楼"紫来阁""用拙斋""汲修斋"。有藏书印"得此书贵能读若徒藏不如卖""谷水紫来阁徐氏印""用拙斋珍藏""南湖徐氏藏本""海昌徐氏用拙斋之印""用拙斋印""海昌古夹谷用拙斋收藏"等十余方。和陈乃乾、杨复等版本学家往来密切。

黄裳在《春夜随笔·记徐绍樵》中称紫来阁藏书大多清刻本，几乎每册都有吴骞、陈鳣的收藏印记、手迹，这批硖石所出之书，还有宋书棚本王建诗和闵刻附图本曲本。又得朱衍庐相佐考证题跋，费景韩协助搜集，故藏书达数千册，逾万卷，分装八箱二柜。编有"汲修斋丛书"。

徐光济所藏书籍约在1949年前后散佚。

紫来阁

边款：紫来阁为清代藏书家徐光济藏书之处。己亥，管凌作。

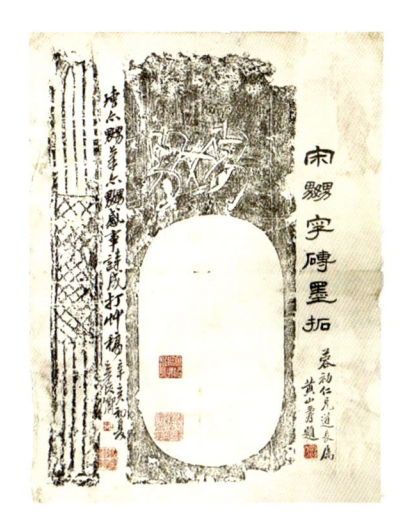

徐光济珍藏的宋"翢"字砖拓，黄山寿题名，吴昌硕手题

海宁篇

17 小清仪阁

小清仪阁为清末民初藏书家张光第的藏书处，建于今海宁市盐官镇。

张光第(1875—1916)，字渭渔，号盟鸥，海宁盐官人。藏书家。少弃举子业，淡泊名利，惟极爱好书画金石，喜藏书，尤富乡邦文献。筑藏书楼"小清仪阁""古翠轩"。有藏书印"流传在海昌张渭渔处""小清仪阁校藏""张光第印""金鉴堂藏书印"等。其友卢氏录存《张渭渔遗书目录》一册。

朱昌燕逝世后，朝经暮史书昼子夜集楼之藏书辗转为张光第所得，合己所藏，数量颇为可观。

光绪三十一年(1905)，学者王国维自吴门归海宁，渭渔访之于西城老屋，取出唐解元《芍药》、马湘兰《兰石》把玩。王国维《敬业堂文集序》谓："当吾之世，吾宁言收藏者推渭渔，宁固文献之邦也。……吾邑收藏家以他山先生始，以渭渔终。""殁后，遗书、遗器及金石拓尚塞破数屋，均未整比，斯不能不为吾邑文献惜也。"

张光第殁后，所藏散失。费寅《朱衍庐旧藏钞本书目》题识云："张氏今渭渔书亦已尽归吴兴，转输都下。"张元济、傅增湘等藏书家曾致函商购其藏书。张元济致函傅增湘称："其中嘉兴人著述却不少……其中以《涉园杂录》一种为最要。"傅增湘回函亦称："海宁人著作最多，至三百余种，兔床手稿有数种。"《涉园杂录》后被北京琉璃厂文英阁书肆收去。

小清仪阁

边款：小清仪阁，清代藏书家张光第藏书处。己亥，管凌。

18 观 堂

观堂为近代学者王国维的藏书处。

王国维(1877—1927),字静安,又伯隅,号观堂,海宁盐官人。清末诸生。著名史学家、文学家、语言文字学家。历任清政府学部总务司行走、名词馆协修等职。辛亥革命爆发后,东渡日本,从事古代史料、古器物、音韵学考订,尤致力于甲骨文、金文和汉晋牍等考释。1916年回国后,先后任仓圣明智大学、北京大学、清华大学教授,与梁启超、陈寅恪和赵元任号称清华国学研究院的"四大导师"。王国维是中国新史学的开拓者,中国新文学理论的先驱,与罗振玉(雪堂)、董作宾(彦堂)、郭沫若(鼎堂)并称为"甲骨四堂"。因精通英文、德文、日文,使之成为用西方文学原理批评中国旧文学的第一人,并在研究宋元戏曲史领域独树一帜,对学术界影响之大,治学范围之广,为近代所罕见。陈寅恪认为王国维的学术成就"几若无涯之可望,辙迹之可寻"。

王国维喜藏书亦富藏书,因治学需要,其藏书甚富。罗振玉曾"割藏书十之一赠之"。可见王国维得罗振玉藏书数量不少。费行简《观堂先生别传》中谓其"束脩所入置书籍","博涉载籍,好古敏求"。藏书处为"观堂"。

王国维还精于版本目录学,从早年研究

观 堂

边款:王国维,字静安,又伯隅,号观堂,盐官人。清末诸生,著名史学家、文学家、语言文字学家。藏书处为观堂。戊戌年七月初七,管凌刻。

诗词、古代戏曲等文献开始,就注意到版本、目录研究与实践之关系。如,他撰《宋元戏曲考》时就阅读过黄丕烈的旧藏元刊杂剧,明金陵唐氏世德堂刊杂剧等。并花费四年心血为湖州藏书家蒋汝藻私家藏书编目,完成了《传书堂藏善本书志》(又称《密韵楼藏书志》)。与历代的私家藏书目录相比,《传书堂藏善本书志》堪称鸿篇巨制。还著有《观堂集林》《人间词话》《宋元戏曲考》等。

1927年,王国维在北京颐和园投水自尽。卒后,部分所藏如唐写本《切韵残帙》三卷、《南唐二主词》一卷、明钞本《水经注》四十卷等归于中国国家图书馆。

王国维故居位于盐官西门周家兜,1987年修复开放,为浙江省重点文物保护单位。清华大学清华园有1928年所建的"海宁王静安先生纪念碑"。

王国维像

王国维写录的唐写本《切韵残卷》书影

19 铁如意馆

铁如意馆是近代学者张宗祥的藏书处,建于今海宁市硖石街道仓基街56号。

张宗祥(1882—1965),谱名思曾,后慕文天祥为人,改名宗祥。字阆声,号冷僧,别署铁如意馆主,海宁硖石人。藏书家、学者、书法家。张宗祥出身书香门第。清光绪二十八年(1902)举人。年少时与军事家蒋百里俱文采斐然,齐名乡里。长大后各有成就,硖石镇上流传"文有张冷僧,武有蒋百里"之说。后在浙江高等学堂、浙江两级师范学堂任教,与鲁迅等为同事。应蔡元培之邀赴京,历任教育部专门司第二科科长和会计科科长,京师图书馆主任,浙江省教育厅厅长。新中国成立后,任浙江图书馆馆长、西泠印社社长、浙江省文史研究馆副馆长等。

铁如意馆始建于1926年,为一幢三楹两层西式砖木结构的小楼。"铁如意"曾为抗清志士周青萝所藏,后张宗祥得之,因敬佩周青萝为人而将书斋命名为"铁如意馆",藏字画古籍万卷。藏书印有"张宗祥印""铁如意馆""冷僧"等三十余方。著有《铁如意随笔》《中国戏曲琐谈》《全宋诗话》等二十余种。

张宗祥不仅在藏、抄、校书方面是大家,而且在书法评论、鉴赏、诗词、戏曲、文学等多个领域均有建树。尤爱收藏古书,

铁如意馆

边款:张宗祥,字阆声,号冷僧,别署铁如意馆[主],硖石人。藏书家、学者、书法家。书斋名为铁如意馆。己亥秋,管凌刻。

并以抄写、校勘古籍为毕生事业,且成绩卓著。抄书成癖,数十年中,抄书不辍,边抄边校,往往夜以继日,运笔如飞,日可抄书万余字。经其精心抄校的古籍就有三百多种,六千余卷。张宗祥与鲁迅相知多年,在古籍文献整理方面也志同道合。其在主持京师图书馆时,得见馆中残本明钞

《论书绝句》书影

张宗祥所刻印章（现藏于西泠印社）

铁如意（现藏于张宗祥纪念馆）

本《说郛》，经鲁迅提议，抄校后于二十世纪二十年代由商务印书馆出版。《说郛》出版后，鲁迅曾预订、购藏，称其为"打字机"。此后张宗祥获知尚有其他版本，又写成十余万字的校记，1990年上海古籍出版社影印《说郛三种》时全部收入。张宗祥热爱家乡，重视乡邦文献，生前就将珍藏的古籍四千零四十八册，拓片和手抄本二百四十种二千余卷等捐赠给浙江图书馆。经其校订的海宁学者著作有五百多卷。1957年，他将藏书两千余册捐赠给海宁市图书馆。

张宗祥书法学李北海，兼融汉魏碑法，雄浑洒脱，一气呵成，流传颇广，为近代书法开山人物之一。有《冷僧书画集》。好收藏古玩文物，精于鉴别，人称"识宝大师"。被聘为故宫博物院名誉委员。写成《玉杂说》一书，后编入《铁如意馆碎录》。晚年又将其生平收藏的古玩、瓷器、字画共四百余件全部捐献给国家，其中黄宾虹的画就有三十三幅。后又将齐白石、方介堪等名人刻章一百二十七方捐赠给西泠印社。

逝世后，张宗祥长女张珏又将铁如意馆所藏珍贵字画、手抄图书以及遗迹手稿等捐献给浙江图书馆。

1993年建立张宗祥纪念馆和张宗祥书画院。

桐乡篇

01 横山堂

横山堂为明代戏曲作家王济的藏书处，建于今桐乡市乌镇景区内。

王济（1474—1540），字伯雨，号雨舟，自称紫髯仙客，晚号白铁道人，桐乡乌镇人。戏曲作家、文学家、藏书家。诸生，以资入太学，官横州通判，适逢缺州守，遂摄州事。后以母老告归。与刘南垣、孙太初、张允清等交游，并结"岘山社"。

所居名为长吟阁、宝岘楼。藏书丰厚，藏书处为"横山堂"。"图史鼎彝，夺目充栋。"（《列朝诗集小传》）江南名士文徵明曾到乌镇看望王济，并为其作《横山堂小咏》一诗："雨涤山花湿未干，野云流影入栏杆。泉声漱醒山人梦，一卷残书竹里看。"

王济能诗善文，家境优渥，且好客，顾元庆《诗话》称其"人物高远，奉养雅洁"。著有《白铁道人诗集》《谷应集》《水南词》《和花蕊夫人宫词》《君子堂日询手镜》等，有戏剧《碧梧馆传奇》三种，今仅存《连环记》一种，为清人钞本，共三十折。《连环记》中《起布》《议剑》《问探》《拜月》《小宴》《大宴》《梳妆》《掷戟》等十余出，至今仍在昆曲舞台上上演。

横山堂

边款：横山堂，明代戏曲作家王济藏书之处。辛丑夏月，管凌刻。

02 浣雪居

浣雪居为清代诗人濮淙的藏书处。

濮淙(生卒年不详),字澹轩,号赞夫,桐乡濮院人。诗人。入清寓吴门,喜藏书,藏书数千卷。建藏书处为"浣雪居"。毁于祝融之祸。《槜李诗系》记载:濮淙"卖丝于吴市,顺治初,室遇火,身入烟焰中二亲以出,耽诗好友,有半间楼、浣雪居、月巢、蘧园诸刻岭南人多购之"。濮淙好诗,待友诚恳,所作七言律诗《闻梁蘧玉已寓京口》一首,云:"容易相逢尚未逢,老年亲故喜相从。已辞野店中山酒,望断烟江北固峰。一夜梦游千里月,五更霜落万家钟。莫言人远天涯近,书到楼头第几封。"又有《赠方望子入黄山修炼》一诗,曰:"诗成当代说方干,何事辞家久不还。梦里汤泉非故国,眼前云海是名山。花深古灶凭烧药,月冷啼猿为守关。只是白头慈母在,不教容易别人间。"表达了对友人真挚的情谊与怀念之情。

浣雪居

边款:浣雪居。辛丑年十月,管凌刻。

03 天盖楼与吾研斋

天盖楼

吾研斋

边款：吕留良，字庄生，号晚村，别署南阳布衣等，石门人。筑天盖楼为藏书处。辛丑夏，管凌作。

边款：吾研斋。辛丑七月，管凌作。

  天盖楼与吾研斋分别为明末清初学者吕留良、吕葆中父子的藏书处，建于今桐乡市崇福镇南阳村。

  吕留良（1629—1683），原名光轮，字庄生，号晚村，别署南阳布衣等，桐乡石门人。著名思想家、学者、诗人、藏书家。清顺治二年（1645），清军渡江入浙，江南各地志士纷纷组织起义军抗清。吕留良散尽家产，与三兄之子吕宣忠入太湖义师抗清。吕宣忠遇难后，被迫易名光轮，参加科举考试，为诸生。后深感悔之，从此归隐崇德城南村东庄，与张履祥、何商隐、张佩葱一道，专攻程朱理学。

  吕留良酷爱藏书，著述、藏书甚富。筑"天盖楼""讲习堂"等藏书处。吕留良不仅四处访书，搜求珍本善本，还自开刻局，刊印典籍，编刻之书远销福建等地。所建南阳讲习堂藏书在康熙年间达到鼎盛，设

吕留良像

馆授传,蜚声江南,查慎行《敬业堂文集·代陈世南柬吕无党》称:"吕氏藏书之富足与藏书大家朱彝尊、海宁马思赞相垺。"

吕留良藏书主要来源为祖上遗留、购书及借抄。张履祥在《杨园先生全集》中记云:"先代传书既富,而先生之资又足。"曾以三千金购买山阴祁氏澹生堂藏书三千册。吕留良曾作《得山阴祁氏澹生堂藏书三千余本示大火》一诗,云:"阿翁铭识墨犹新,大担论斤换直银。说与痴儿休笑倒,难寻几世好书人。宣绫包角藏经笺,不抵当时装订钱。岂是父书渠不惜,只缘参透达摩禅。"吕氏藏书中,宋元文集独多,明史料珍稀。现可考知,吕留良藏书约一百一十七种,其中宋元文集就有六十种、史部藏书十六种等。多为善本,弥足珍贵。有藏书印"吕氏藏书""南阳讲习堂"等二十余方。学识渊博,著述甚多,今知有《晚村惭书》《吕晚村先生四书讲义》等七十余种。

长子吕葆中(?—1707),原名公忠,字无党,号观稼。学者、藏书家。康熙四十五年(1706)进士,授翰林编修。著有《竿木集》。承父志,喜藏书,筑"吾研斋"等藏书处。抄书甚多。其中手钞本有宋《王黄州小畜集》等数十种。藏书印有"东莱吕氏明农草堂藏书印"等十余方。

嘉兴历代藏书楼

吕留良在吴之振《种菜诗和诗册》中的题诗

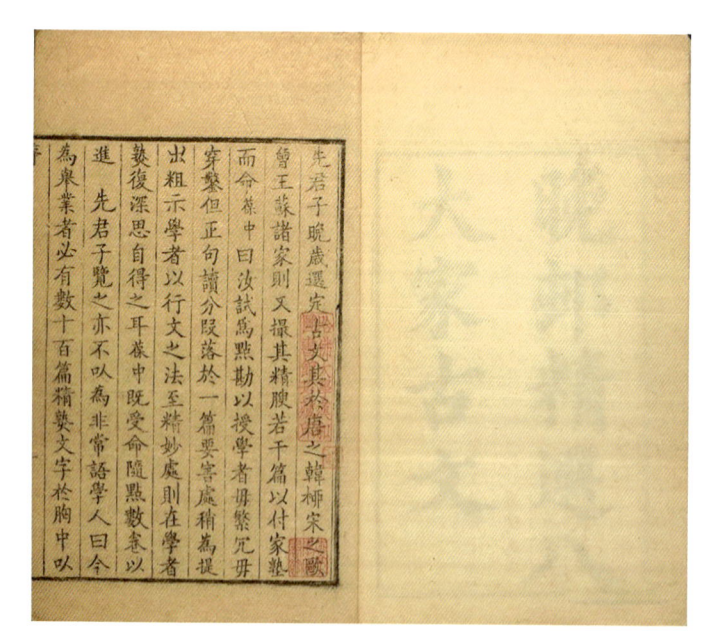

《晚村先生八家古文精选》是清代吕留良选编、吕葆中评点的一部古文选集。清康熙四十三年（1704）吕氏刻本（现藏于哈佛大学燕京图书馆）

04 裘杼楼、拥书楼与桐石斋

裘杼楼

拥书楼

桐石斋

边款：裘杼楼为清三进士汪森、汪文桂、汪文柏兄弟藏书之处。辛丑夏，管凌作。

边款：汪文柏，号柯庭，喜藏古书。筑藏书处为拥书楼，另有古香楼，专贮典籍、名画，暇时焚香啜茗，摩（沙）[挲]观赏，所收书有宋姜特立三卷，元吴澄一百卷等，均为世所罕见。辛丑夏仿金罍道人，管凌记。

边款：桐石斋。管凌作。

裘杼楼、拥书楼、桐石斋分别为清代三进士汪森、汪文桂与汪文柏兄弟的藏书处，建于今嘉兴市南湖区甪里街。

汪森、汪文桂、汪文柏三兄弟是桐乡人，祖上从安徽休宁迁至桐乡，后迁入嘉兴。据《嘉兴市文化志》载，汪森与汪文桂、汪文柏同居嘉兴甪里街，汪氏三昆仲因藏书而名盛，收藏珍本数万卷，藏书甲于浙西，黄宗羲称之为"汪氏三子"，均为清代学者、藏书家。三人中以汪森藏书为最。

嘉兴历代藏书楼

汪文柏"古香楼"藏书印

汪森(1653—1726),原名文梓,字晋贤,号碧巢。康熙十一年(1672)拔贡入京,为祭酒昆山徐公所赏识,名噪一时。因祖父、父亲相继离世,归来与长兄共理家政,侍奉母亲。与嘉兴周筼、沈进相互切磋,求教曹倦圃、王迈人、曹顾庵三先生,艺业益进。后从黄宗羲、朱鹤龄、朱彝尊、潘耒等诸大家游,学业精进。筑"碧巢书屋""华及堂"藏书处。与海内名流诗简往还,慕名造访者接踵而至。又在甪里营造小方壶为别业,取《韩诗外传》中"君子之居也,绥若安裘,晏若覆杅"之句,筑"裘杅楼",以藏典籍,聚书万卷。校勘不辍,以藏书、诗、词负名,所藏书冠浙西之首。遂由贡生注选,授广西桂林府通判、户部江西司郎中。在官时多惠政。

归里后,以藏书、著书为乐,多行义举,人感其德。"复借朱彝尊家藏书,荟萃订补。"又参以己书,著成《粤西诗载》《粤西文载》《粤西丛载》三部地方文学总集,合称《粤西三载》。所编《裘杅楼藏书目》,中国国家图书馆有藏。辑有《虫天志》《名家词话》,著有《裘杅楼稿》《小方壶存稿》等十余种,并与朱彝尊合编《词综》(《四库全书总目提要》著录)。

汪文桂(生卒年不详),初名文桢,字周士,号鸥亭,汪森兄。嗜学,以府学贡生授内阁中书。建藏书斋"及华堂"于县城中,又与两兄弟于"裘杅楼"贮书。汪文桂为藏书,遍访各种佚书。汪森《小方壶文钞》云:"乙卯二月,仲兄鸥亭偕余泛舟濮川(今桐乡濮院镇),见居民以旧籍鬻于市,尽数购归,中有钞白本,乃《尚书详解》也。仲兄与余喜甚,复细翻前后,合五十卷,并《发题》一篇。"《桐乡县志》载,汪文桂"聚书万卷,校勘不辍"。所藏善本有

陈鸣远制四足方壶,汪文柏书边款

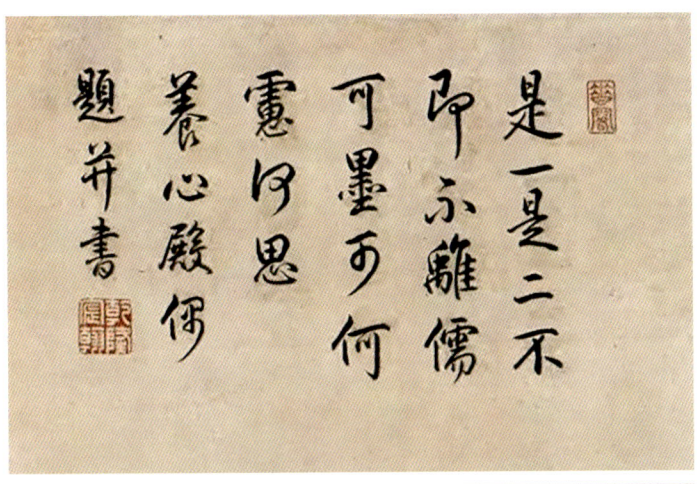

乾隆帝题《弘历是一是二图》
（现藏于故宫博物院）

《苏诗补注》等，钞本有《皇明献实》等。有藏书印"休宁汪氏裘杼楼藏印"等。

汪文柏（1659—1722），字季青，号柯庭，文桂、文梓弟。藏书家、书画家。康熙年间，曾官北城兵司正指挥。尤工诗词，好书画，善画墨兰，精鉴赏。汪文柏学识渊博，不亚于两兄。因好读书，筑"摘藻堂""拥书楼""屐砚斋"等藏书处，日读其中。另有"古香楼"，专贮典籍名画，暇时焚香啜茗，摩挲观赏。所收书中有宋姜特立《姜特立集》三卷、元吴澄《吴文正集》一百卷等，均为世所罕见之书。有藏书印"拥书楼收藏""屐砚斋图书印"等近十方。著有《柯庭余习》《杜韩诗句集韵》等多种。

汪氏裘杼楼的藏书何时散佚，史书无载。据史料推测，约于乾隆后期渐次散出，其中部分图籍为海宁拜经楼收藏。

05 可仪堂

可仪堂为清代藏书家俞长城的藏书处，建于今桐乡市石门镇北部一带。

俞长城（生卒年不详），字桐川、宁世，号硕园，俞之炎子、俞长策弟，桐乡人。藏书家。其父俞之炎（1623—1674），字以除。清官员、藏书家。清顺治十五年（1658）进士，翰林院庶吉士。康熙二年（1663），以户科给事中，充湖广副考官，道参议。为官清廉，喜好藏书，家贫而无宿储，财产唯图书数卷。但教子有方，长策、长城均考中进士，选翰林院。一门父子三翰林，为邑中少有，时传为佳话。其兄俞长策，字御世，号檀溪。承恩及第进士，授翰林编修，充讲官、任考官，得士称盛。在京任职数十年，清正廉洁，身后无长物，仅图书数卷而已。著有《檀溪诗文集》六卷。

俞长城幼年时受"读书以明道，作文以载道"之庭训，学有渊源，文章简劲，自成一家。年轻时游学松江，与孙西文、金仞直诸名士朝夕，互相鼓励，有"西郊十三子"之称。

俞长城康熙二十四年（1685）中进士，授翰林编修。入朝做官后，以翰林职掌文书、国史。与父之炎、兄长策，均博学鸿才，时称"才藻不减眉山苏氏"。康熙三十九年（1700），分校会试，得士甚众。工古文，曾评选宋王安石以来至清初诸老一百二十

可仪堂

边款：可仪堂，清代俞长城藏书处。管凌作。

家。好藏书、著述。建"可仪堂"藏书处。著有《可仪堂集》《花甲数谱》等。编有《一百二十名家制义》四十八卷。选注的《春秋三传》《国语》《战国策》《吴越春秋》《越绝书》等史籍风行海内外。

《光绪桐乡县志》主编、桐溪书院院长严辰,曾在书院中建立三贤堂,将俞长城作为"三贤"之一,与张履祥、冯景夏同列祠祀。严辰在《桐溪书院三贤堂记》中说:"用以仰止前贤,矜式后进。"每逢岁时,他率诸生奉祀,将俞长城视作千秋乡里之典范。

《可仪堂文集》书影

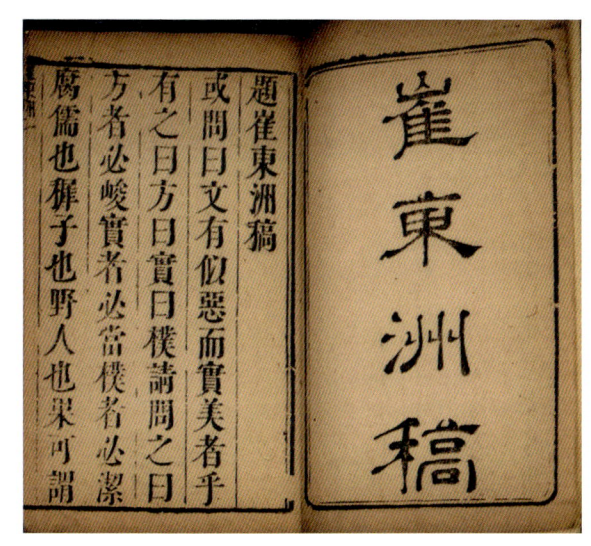

清康熙"可仪堂"写刻本《崔东洲稿》书影

06 锄经堂

锄经堂为清代学者黎恂的藏书处。

黎恂(1785—1863),字雪楼,一字迪九,晚号拙叟,遵义新舟人。寓居桐乡。学者。幼从父学,嘉庆十五年(1810)举人,十九年(1814)进士。任桐乡县知县。任职期间,以"正狱讼、弥盗贼、宽赋役、厘漕务"为要旨,整饬社会秩序,发展地方经济,造福民众。重视振兴文教,曾三次出任浙江省乡试同考官,评阅生员试卷,奖拔一批人才,其中有李品芳、余煜、朱恭寿等。郑珍、莫友芝、黎庶昌皆受业于其门下。其子兆勋、兆熙、兆淇、兆铃、兆普,侄庶焘、庶蕃,婿杨华本,甥郑珍,皆有文才。

黎恂严于律己,以礼法为规范。在桐乡期间,经常到县学与诸生讲论诗文,并告诫说:"士学程朱,必似此真体实践,始免金溪、姚江高明之弊。"重个体人格,重实践真知,重经世致用,是其教育之出发点。

黎恂喜藏书,丁忧归黔时,购数千册珍本典籍,供黎氏子弟研读。以诗学启迪后进,强调学诗之目的在于培养情操,而不是只限于格律、技巧之传授。作《千家诗注》,就在于使学习者能"知一古人,晓一古事,知一托兴摅怀之所在""诱之入于高明宏达之途"。反对把读书视为追求名利

锄经堂

边款:锄经堂为清代学者黎恂藏书之处。辛丑夏月,管凌作。

地位的敲门砖。"生平不苟言笑,立不跛倚,坐必庄,行齐如流。老无滕侍,暑无祖袒汤,非馈不科头,非疾不晏起","望其色,听其言,观其行动,粹然君子儒也"(郑珍《黎雪楼先生行状》)。

黎恂辞官归里时,携带几十箱珍贵典籍,贮"锄经堂"藏书处。藏书达三万种,七八万册。"积学数十年,出经入史,靡籍不究"(郑知同《蛉石斋诗钞跋》),著述繁富。潜心钻研宋学与史学,工诗,刊刻自撰《蛉石斋诗钞》四卷、《千家诗注》二卷、《运铜纪程》二卷、《赴镣纪程》一卷、《回黔日记》一卷、《大姚县志》十五卷。未刊者尚有《蛉石斋诗文集》、《北上纪程》一卷、《读史记要》四卷、《四书纂义》、《农谈》等。主修《大姚县志》。

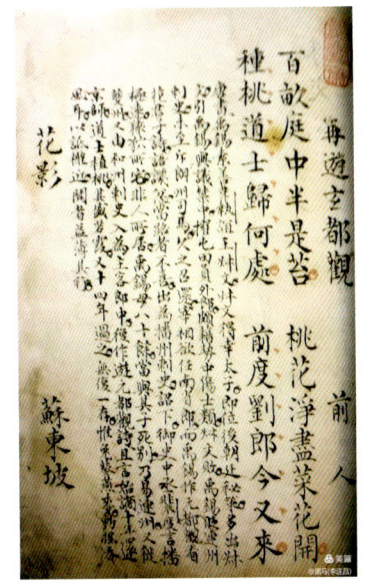

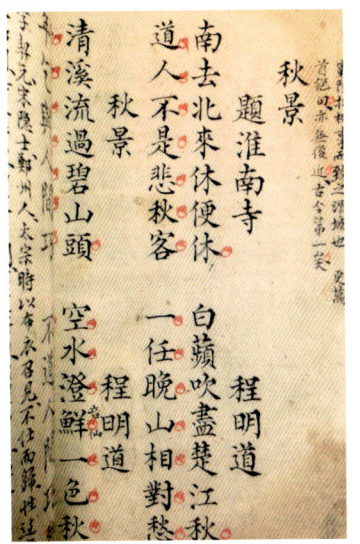

黎恂千家诗批注手稿

07 知不足斋

知不足斋为清代藏书家鲍廷博的藏书处,建于今桐乡市乌镇东郊杨树浜,雅园处。

鲍廷博(1728—1814),字以文,号渌饮、通介叟,祖籍安徽歙县长塘村,故世称"长塘鲍氏"。为歙县秀才。后随父迁居桐乡县乌青镇杨树湾。藏书家、刻书家、校勘学家。家世经商,殷富好文。父鲍思诩,嘉庆八年(1803)钦赐举人,藏书极富。筑"知不足斋"藏书处,取《礼记·学记》"学然后知不足"之意,以颜其斋。

鲍廷博勤学好古,不求仕进,却喜购藏秘籍,继承"知不足斋"后,与江浙一带著名藏书家交往频繁,互相借抄,并广录先人后哲所遗手稿,所抄书籍不计其数,流传至今有名可稽者就有一百四十余种。浙江学政阮元每于按试嘉湖之便,乘小舟至杨树湾观其藏书。

乾隆三十七年(1772),开《四库全书》馆,诏求天下遗书,共收书三千五百零三种,鲍廷博长子鲍士恭以所藏精本六百二十六册进献,内多为宋元以来之孤本、善本,居私家进书之首。从此,"知不足斋"之名上达朝廷。次年,赏赐了内府编纂的中国最大类书《古今图书集成》和《佩文韵府》各一部。鲍氏辟赐书堂三楹,分贮四大橱,翁广平为撰《赐书堂记》。

知不足斋

边款:知不足斋。辛丑元月,管凌作。

《四库全书》修成后归还其原书,高宗皇帝在其《唐阙史》和《宋仁宗武经总要》二书上题诗曰:"知不足斋奚不足,渴于书籍是贤乎。长编大部都庋阁,小说卮言亦入厨。"鲍廷博深受鼓舞,遂立志刊刻"知不足斋丛书",将家藏善本古书公诸海内,前后共三十集,二百零七种,七百八十一卷,其中后四集为其子鲍士恭、孙鲍正言续成。

鲍廷博刻书,博采众长,广搜遗编,凡经史考订、算书、金石、地理、书画、诗文集、书目等皆择优收入。其中不少是海内孤本。刊刻态度严谨,校勘精细,每得一书,必广借善本,参互考订,不妄改一字,极受时人称道。丛书每成一册,即以进献朝廷。乾隆三十一年(1766)所刻刊之青柯亭本《聊斋志异》,为该书现存最早刻本。嘉庆十八年(1813),浙江巡抚方受畴向其传达仁宗皇帝旨意,询问"知不足斋丛书"刊刻情况,鲍廷博续刊至二十六集呈受畴,受畴具疏呈仁宗皇帝,仁宗赞其好古博学,老而不倦,加恩赏给举人。时已八十六岁高龄。次年,第二十七集将成时病逝于杨树湾。其子鲍士恭秉父志,刊至三十集。并编有《知不足斋宋元人集目》一册。有藏书印"知不足斋鲍以文藏书""御赐清爱堂"等四十余方。

著有《夕阳诗》二十韵、《咏物诗》一卷、《花韵轩小稿》二卷。

乾隆五十六年(1791)冬,"知不足斋"突遭火灾,部分书籍被焚。光绪六年(1880),其曾孙鲍寅以朝廷赐书之杨树湾者,献呈西湖文澜阁宝藏。

歙鲍氏知不足斋藏书　　知不足斋鲍以文藏书

天都鲍氏困学斋图籍　　知不足斋鲍以文藏本

歙西长塘鲍氏知不足斋藏书印　　歙西长塘鲍氏知不足斋藏书印

鲍廷博藏书印

08 南泉书屋

南泉书屋为清代藏书家吴克谐的藏书处，建于今桐乡市洲泉镇合兴村。

吴克谐（1735—1821），字夔庵，号南泉老人。桐乡人。藏书家、画家。因家境贫困，幼年辍学务农。但有志向学，每晚秉烛自学，勤勉不倦。学问、绘画日益长进，才学因之出名。中年后入镇江太守谢启昆幕。后谢启昆因"东台书案"被捕，吴克谐多方奔走。后谢启昆贷银五万两给吴克谐，让其在乌镇购屋，开设广丰典当行，家道日殷。吴克谐尤爱梅花。常想"人生有田一区，屋一廛，种梅数十本，构小屋其间，名之曰'梅花阁'，以终老其上，亦野人之至乐矣"。曾自刻一方"梅花阁主人印"以自勉。是年"春，始获种梅筑室于南泉之上""因作《梅花长卷》，而嘱（王）松崖画余于卷中藏之"（吴克谐《南泉梅花小影记》）。屋成，吴克谐作《题南泉书屋壁》诗云："幕府青袍感发苍，言归村落起茅堂。清泉绕屋琴书润，曲水临轩翰墨香。阁有梅花春孕雪，庭余老朴夜凝霜。斋头古砚藏盈百，妙选无过廿八方。"

南泉书屋

吴克谐筑"南泉书屋"藏书处，另有藏砚室名"二十八砚斋"。山水法王翚。遇有真迹，不惜重金购之，刻意模仿，称神似。"君居南泉书屋，键户却扫，莳花木，兴至则挥毫染翰，不以示人。课子侄有法，兄弟无分产，待君举炊者百余口，囊无余钱，淡如也。"（谢启昆《南泉幕游记》）有藏书印"老屋三间，藏书万卷""金石录十卷人家"等。著有《自办成案》《南泉诗草》等。时常有人上门来聘请，吴克谐总是婉言谢绝，说是"与谢公约，不他往"。

09 大酉山房

大酉山房为清代藏书家马俊良的藏书处，建于今桐乡市石门镇。

马俊良（生卒年不详），字嵘山、兼三，桐乡人。藏书家、诗人。乾隆二十六年（1761）进士，初授衢州教授，后官内阁中书。学识广博，教导有方，各地争聘为书院院长。历任山东繁露、山西汾阳、江西白鹭、广西秀峰诸书院讲席，均以育材为己任，成就卓著。晚年主持广东端溪、华越讲席。

马俊良好藏书，筑"大酉山房"藏书处。利用家藏图书与所见所闻，辑成《龙威秘书》、《晋唐小说畅观》五十九种、《古今丛说拾遗》二十六种、《说郛杂著》十种、《国朝丽体金膏》八卷、《荒外奇书》六种。著有《禹贡图说》《春秋传说荟要》《易家要旨》《嵘山诗草》等。

喜刻书，乾隆五十九年（1794）刻《龙威秘书》三百三十卷，中国国家图书馆、上海图书馆有藏；嘉庆二年（1797）刻《说文解字系传》四十卷《附录》一卷，浙江图书馆有藏。

大酉山房

边款：大酉山房。辛丑，管凌。

《龙威秘书》书影

10 枝荫阁

枝荫阁

边款：陆费墀，字丹叔，号颐斋，桐乡人。家藏书甚富。枝荫阁为藏书之处。管凌刻。

枝荫阁为清代藏书家陆费墀的藏书处，建于今嘉兴市南湖区甪里街一带。

陆费墀（1731—1790），字丹叔，号颐斋，晚号吴泾灌叟，桐乡人。学者、藏书家。家藏书甚富。乾隆三十一年（1766）进士，庶吉士，授翰林编修，官至礼部右侍郎。充《四库全书》总校官及副总裁之职。进呈四库馆数十种，《四库全书总目》著录九种一百一十卷，存目二种。自《四库全书》编纂起至七部书缮写告竣，历时十七年。与纪昀、陆锡熊等人，为编纂《四库全书》出力较多。书编成后，呈帝观览，因书中"舛谬丛生，应删不删，且空白未填者竟至连篇累页"（《纂修四库全书档案·乾隆五十二年六月十三日谕旨》）革职。乾隆令陆费墀罚赔出资装治、整修文澜阁、文汇阁、文宗阁三阁图籍，书面用叶、木匣、刻字、装订等费用，皆由其出资等，制作费用达十数万两银，作为添补江南三阁办书之用。

归乡后，陆费墀构宅于嘉兴府城外，并筑"枝荫阁"藏书楼，多藏《四库》副本。左图右史，以读书、著述为娱。极享文雅之福。著有《颐斋赋稿》《枝荫阁诗文集》《历代帝王庙谥年讳谱》等，与纪昀合纂《历代职官表》。然被惩罚抄家后，仅留千金以养家眷，即忧愤而死。其虽因有涉"违碍"和有错而受罚赔，但在《四库》馆臣中，"与《四库全书》相终始而实际任事最力，经理出自一手者，殆陆费氏一人也"。

枝荫阁后因太平天国运动毁于战火。

11 德聚堂、踵息斋与贮云居

德聚堂

踵息斋

贮云居

边款：德聚堂。辛丑年，管凌作。

边款：踵息斋。辛丑，管凌。

边款：贮云居。辛丑岁末，管凌作。

德聚堂与踵息斋、贮云居分别为清代三进士冯浩与冯应榴、冯集梧父子的藏书处，建于今嘉兴市区东。

冯浩（1719—1801），字养吾，号孟亭，桐乡人。文学家、诗人。乾隆十三年（1748）进士，授编修，改庶吉士，入翰林，充国史馆纂修，参与修《续文献通考》。先后主持常州龙城、浙东东西崇文、鸳湖诸书院等讲席，其教育以敦行厚风俗为本，文行清节，名重一时。

冯浩好藏书，也喜抄书，建"德聚堂"藏书楼。抄本有《元和郡县志》三十六卷、《至元嘉禾志》三十二卷等。

冯应榴（1741—1801），字诒曾，号星实，晚号踵息居士。冯浩长子，冯集梧兄，桐乡人。学者、藏书家、校勘家。乾隆二十六年（1761）进士，官江西布政使、山东乡试正考官、内阁中书、鸿胪寺卿等。为人仁厚,刚直正义,遇事敢言,沉浮仕途三十年,所任多有政绩。

冯应榴归田后,集读书、藏书、刻书于一身。在城内祖居建藏书楼"梦苏草堂""踵息斋""贮云轩"等,藏书甚富,有诗文、经义之类数百种。著有《学语稿》《踵息斋诗文集》。致力于校勘古今典籍。嘉庆五年(1800),参与纂修《嘉兴府志》首三卷,对地方文化和文献的传播贡献甚大。嘉定钱大昕《潜研堂文集》云:"星实先生沉酣于东坡诗者有年。又得宋椠《五百家注》、元椠《百家注》旧本,参以《施注》残本,稽其同异而辨证之。"因《苏文公诗注》舛误较多,他取王梅溪、施辅之、查初白诸家注本之长,从吴骞处借宋刻《王状元苏诗》,考订得失,稽其异同,辑成《苏文忠公诗全集合注》五十五卷。钱大昕为之作序,称其注本兼有永嘉王氏、吴兴施氏、海宁查氏三家注本之长,为清代佳注之一。

冯集梧(1757—?),字轩圃,号鹭庭。冯诰少子,桐乡人。画家、诗人。少时聪明过人,能诗善画。乾隆四十六年(1781)中进士,入翰林院,授编修。遇有鸿篇巨作,同官搁笔推辞,集梧则下笔千言立就,被叹为奇才。乾隆五十四年(1789)典试云南,时其兄主试山东。一门两典试,仕人传为佳话。在京为官时,创办嘉兴会

《苏文忠公诗全集合注》书影

馆,移建育婴堂。南归后,主持无锡东林、杭州安定、松江云间等书院讲习,培育人才。

冯集梧继承父业,家多藏书,筑"贮云居"藏书处。

精校勘、著述。毕沅撰《续资治通鉴》二百二十卷,生前仅初刻一百零三卷,后冯集梧购得全稿,补刻成二百二十卷。还校勘《元丰九城志》十卷。嘉庆三年(1798)撰有《樊川诗注集》,《中国大百科全书·中国文学》誉此注本为"注释本中最通行的"一种,今有新版行世。

12. 文瑞楼、桐华馆与壹是堂

文瑞楼

桐华馆

壹是堂

边款：文瑞楼。辛丑秋月，管凌作。

边款：桐华馆。辛丑，管凌。

边款：（一）[壹]是堂。辛丑夏，管凌作。

文瑞楼为清代藏书家金檀的藏书处，建于崇福城内（今桐乡市崇福镇）。

金檀（1660—1730），字星轺，桐乡人。学者、藏书家。康熙四十八年（1709）迁居太仓，晚年迁居苏州。

金檀博学嗜古，经史图籍，遍览无遗。尤喜读书、聚书，并聚蓄古异之书，如遇善本，不惜出重金购得，长达数十年。筑"文瑞楼"藏书，藏书之富，甲于一邑。还亲自校勘、整理，编成《文瑞楼藏书目录》十二卷，著录图书两千余种，由杨蟠作序。所录之书，仅该楼所藏，有不少世所罕见宋元精椠，如元刻珍本《皇元风雅》三十卷、旧钞本《丁鹤年诗集》等。有藏书印"金星轺藏书记""家在黄山白冈之间""文瑞楼主人""购此书甚不易""结社溪山""此中有真意""身在书生侠士间"等十余方。著有《文瑞楼集》《销暑偶录》等。晚年藏书散佚，大多被宋宾王购得。

金德舆（1750—1800），字鹤年，号云庄，金檀从孙。藏书家、诗人。藏书甚富。筑藏书楼名曰"桐华馆""华及堂"。乾隆四十五年（1780）清高宗南巡，曾献呈《太平欢乐图册》和宋刻《礼记》等善本书多种，因而获赐"文绮"，赐补刑部奉天司主事，官至刑部主事。

金德舆善书法，工诗文，精于鉴藏。著有《桐华馆诗钞》《桐华馆吟稿》等。生性慷慨，晚年家道中落，不得已常典质书、画，聊以度日。一日，藏书家鲍廷博来访，二人把酒对饮，谈笑之间，溘然长逝，无疾而终。

金可垺（？—1796），字心山，号甸华，金檀嫡孙。承祖风，亦为藏书家。少好绘事，遂涉笔为花鸟、人物，超隽轶群，山水奇妙，擅长画猫。与黄丕烈友善。黄丕烈曾得其旧藏数种，并称其为"藏书之家，渊源有自，宜其残编断简亦多善本"。金可垺藏书处除文瑞楼外，还有"壹是堂""沧蠡阁"。好饮酒，酒后作画，尤觉真趣盎然。"先世富饶，及身贫窭"，后病死。

金可垺殁后，书贾争购其遗迹，其子就家藏者付之一炬，故流传甚少，所聚藏书亦均散失。

清雍正六年（1728），文瑞楼刻墨华池馆重订本《青邱高季迪先生诗集》卷首

《文瑞楼藏书目录》书影

13 读画斋

读画斋为清代画家顾修的藏书处,建于桐溪(今桐乡市崇福镇)。

顾修(?—1799),字仲欧,号松泉、荛涯,桐乡人。藏书家、诗人、画家、版本目录学家。喜藏书、读书、著述。建"读画斋"藏书处。著有《南宋群贤小集》、《读画斋学语草》、《百叠苏韵诗》、《荛涯诗钞》三卷附《外集》三卷、《读书斋百叠苏韵别集》四卷等。其中《汇刻书目》为我国第一部汇记丛书子目的专门目录,开拓了目录学之新领域。与藏书大家鲍廷博交往颇多,求其鉴定版本,目鉴手钞无虚日。

喜刻书,以其所藏刊刻行世。嘉庆年间所刻自辑《读画斋题画诗》十九卷、《读画斋偶辑》十一卷,中国国家图书馆有藏;《文选李注补正》四卷,复旦大学图书馆有藏;《南宋群贤小集》一百二十七卷、《补遗》一卷,附《江湖后集》二十四卷,南京图书馆有藏。

读画斋

边款:读画斋。辛丑秋月,管凌作之。

《读画斋题画诗》书影

14 思茗斋

思茗斋为清代藏书家宋咸熙的藏书处,建于仁和县塘栖里(今杭州市临平区塘栖镇)。

宋咸熙(1766—?),字德恢,号小茗,宋大樽之子。浙江余杭人。藏书家、学者。嘉庆十二年(1807)举人,官桐乡教谕。教谕任上十二年,提倡风雅,引掖后进,兼裒集桐邑先哲遗诗,编成《桐溪诗述》。

罢归后,在杭州周氏拳石山房设馆授徒。家学渊源,藏书甚富。父宋大樽有藏书之名,宋咸熙承父志,复益聚书。因父号茗香,遂建书楼为"思茗斋"。其深感于"藏书家每得秘册,不轻示人,传之子孙,未能尽守,或守而鼠伤虫蚀",因此将所藏图书广借他人,供寒家子弟读之,为民众所赞誉。曾作有《借书诗》一首,云:"金石之物亦易泐,况兹柔翰历多年。能抄副本亟流播,劫火来时庶不湮。"以示同行,应守流通古书之约,亦有功于载籍者。宋咸熙是清代继弘历、周永年等人公共图书馆思想之后,又一位提倡藏书应公开借读的藏书家。

著有《思茗斋集》《耐冷谭》《诗本音补正》《宋氏惜阴日记》,辑有《桐溪诗述》《夏小正》。

思茗斋

边款:思茗斋。管凌作。

15 风月庐

风月庐为清代藏书家徐焕谟的藏书处，建于青镇东栅（今桐乡市乌镇东栅三里塘）。

徐焕谟（1852—1879），字绿沧，号叔雅，桐乡人。画家、藏书家。诸生，候选主事。工诗，善画花卉，仿恽寿平。爱藏书，藏书处曰"风月庐"，有竹石池亭之胜。

缪荃孙《艺风堂文漫存》记云：焕谟"爱藏书，插架数万卷，多善本，坐书城中，日事校雠不他顾"。喜欢吟诗，著有《风月庐剩稿》。曾作有《苕溪道中》一诗："云拥峰峦水涨堤，菰城南去绿杨齐。扁舟系缆日初堕，坐听深林懊恼啼。"又作有《观获稻》诗，曰："昔日观插秧，移疏种密妇子忙。今日观获稻，连阡比陌穄稑老。凉飔瑟瑟天欲霜，高陇低陇秋云黄。腰镰随风疾如扫，家家禾稻尽登场。儿擎妇负日当户，西畴络绎奔走苦。见说多收十斛余，崇墉比栉对衡宇。回思六月火伞张，日中锄禾汗若浆。彼苍不负农夫力，今岁乃得盈仓箱。盈仓箱，如获宝，粒粒皆由辛苦造。新粳炊熟连村香，田家此日尝新早。秋郊一望暮云平，万井欢呼庆有成。神弦社鼓相喧逐，并作丰年击壤声。"流传至今。

徐焕谟应乡试两次不中，抑郁成疾而英年早逝。

风月庐

边款：风月庐为清藏书家徐焕谟藏书处。辛丑，管凌作。

《风月庐诗稿》书影

部分楼名篆刻作品欣赏

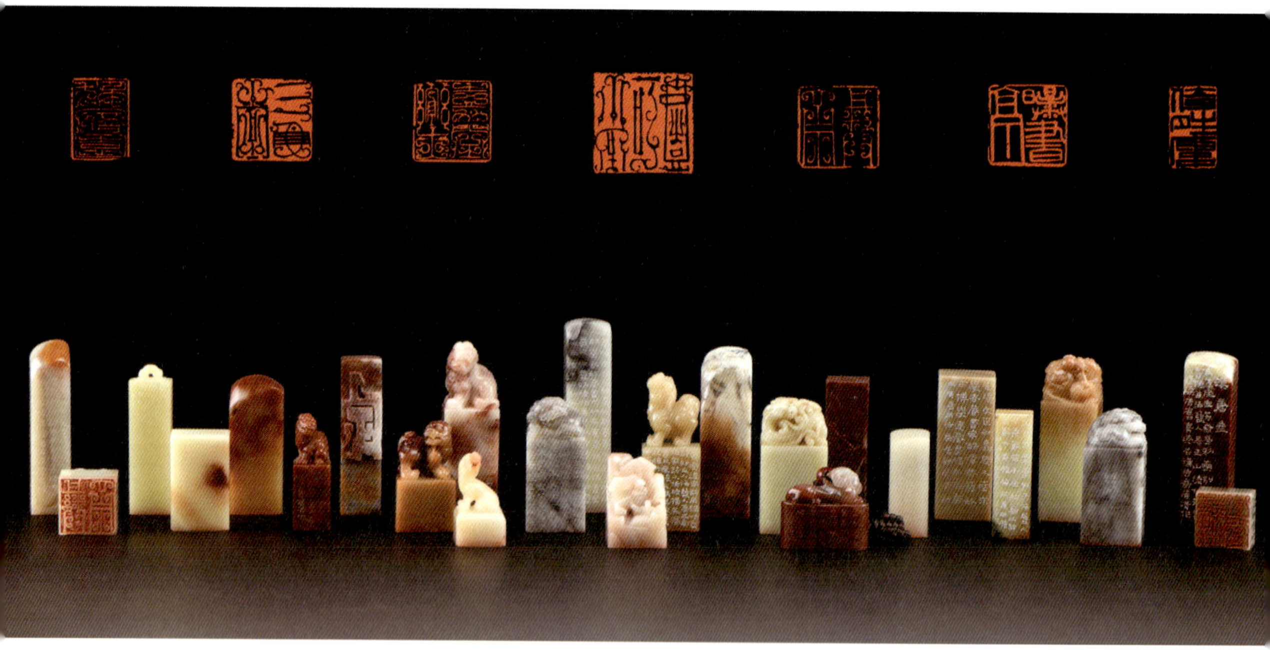

朝经暮史书尺子夜集楼

朝经暮史
书画子夜
集楼焚香
代学燕尝书
庞壬寅冬
管清作

朴堂

博樸堂 堂邕夏管箋

待清书屋

管庭芳字培兰号芷湘晚号笠翁芷翁亦号湾叟冬鱼等海宁路仲人芷翁承各书家鉴藏书楼曰待清书屋庚子五月管淯作

横山堂

翰山樓為元代
馬端嚴書之處
己求夏曼螿治石

慶雲堂

凝雲軒鄭氏珉瀛藏書畫印
壬辰秋月蒼凌作

朱尊字錫鬯號竹坨別號金風亭長人等秀水梅里人清蒼名詩人詞人譽音宦書大家書宦即今玉古曝書高園王寅管壽

三魚堂

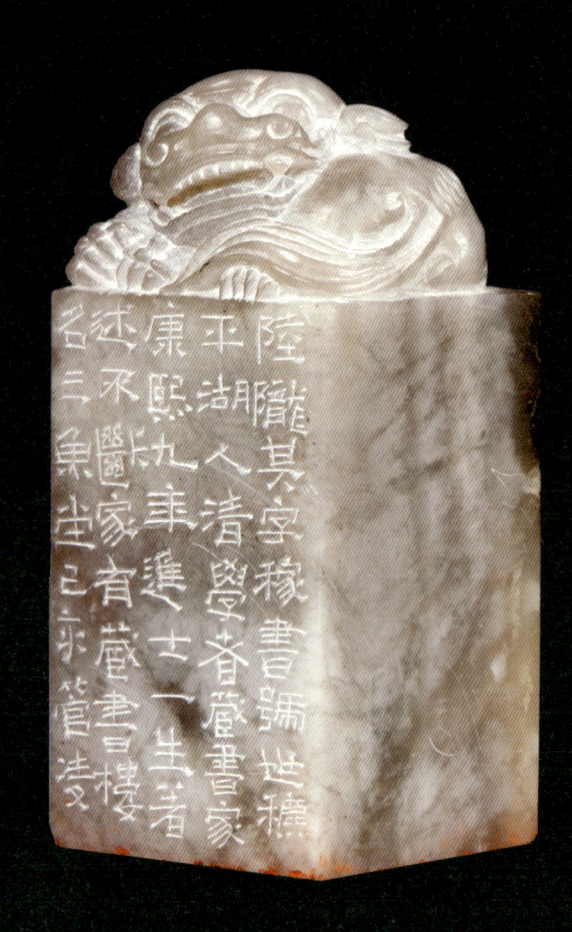

陸隴其字稼書謚清獻
平湖人清學者藏書家
康熙九年進士一生著
述不倦家有藏書樓
名三魚堂己求藏書

听涛轩

聽濤軒
民國教育家
胡兆焌藏畢日
己庚壬寅管濤

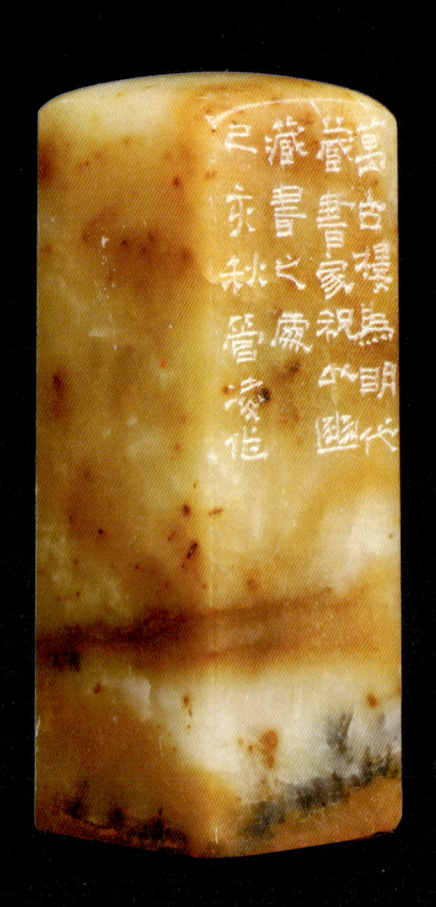

万古楼

万古楼为明代营雪家祝公园藏书之处。己亥秋管燮伯。

舞蛟轩

舞蛟轩无润化
广书家范四泰
藏书处管涛作

斋

趙孟堅號彝齋家宜藏書隱居古詩隨可管窺 甲午秋

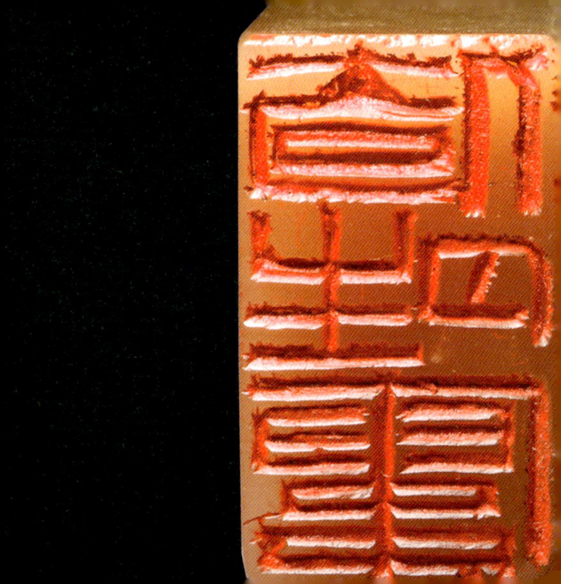

主要参考资料

1. 张元济著《涵芬楼烬余书录》,上海商务印书馆,1951年。
2. 张元济著,顾廷龙编《涉园序跋集录》,古典文学出版社,1957年。
3. 王国维著《观堂集林》,中华书局,1959年。
4. 永瑢、纪昀等编纂《四库全书总目》,中华书局,1965年。
5. 吴晗撰《江浙藏书家史略》,中华书局,1981年。
6. 《清代碑传全集》,上海古籍出版社,1987年。
7. 杨立诚、金步瀛合编《中国藏书家考略》,上海古籍出版社,1987年。
8. 顾志兴著《浙江藏书家藏书楼》,浙江人民出版社,1987年。
9. 叶昌炽著《藏书纪事诗》,上海古籍出版社,1989年。
10. 李玉安、陈传艺著《中国藏书家辞典》,湖北教育出版社,1989年。
11. 任松如著《四库全书答问》,天津市古籍书店,1991年。
12. 张树年主编《张元济年谱》,商务印书馆,1991年。
13. 海盐县武原镇志编纂领导小组编《武原镇志》,上海人民出版社,1991年。
14. 王英编著《一代名人张元济》,济南出版社,1992年。
15. 海盐县志编纂委员会编《海盐县志》,浙江人民出版社,1992年。
16. 钱仪吉纂《碑传集》,中华书局,1993年。
17. 平湖县志编纂委员会编《平湖县志》,上海人民出版社,1993年。
18. 海宁市志编纂委员会编《海宁市志》,汉语大词典出版社,1995年。
19. 嘉善县志编纂委员会编《嘉善县志》,上海三联书店,1995年。
20. 邓之诚辑《民国丛书:骨董琐记》,上海书店,1996年影印本。
21. 吕留良撰《吕晚村先生家训真迹》,北京出版社,1997年影印清康熙刻本。
22. 嘉兴市志编纂委员会编《嘉兴市志》,中国书籍出版社,1997年。
23. 钱泰吉著《曝书杂记》,辽宁教育出版社,1998年。
24. 林申清编著《明清著名藏书家·藏书印》,北京图书馆出版社,2000年。
25. 《嘉兴市文化志》编纂委员会编《嘉兴市文化志》,杭州出版社,2000年。
26. 雍正《浙江通志》,中华书局,2001年。
27. 《嘉兴市教育志》编纂委员会编《嘉兴市教育志》,浙江大学出版社,2001年。

28. 《澉浦镇志》编纂领导小组编《澉浦镇志》,中华书局,2001年。
29. 任继愈主编《中国藏书楼》,辽宁人民出版社,2001年。
30. 柳和城等著《藏书世家》,上海人民出版社,2002年。
31. 政协海盐县文史资料委员会编纂《文史大家朱希祖》,学林出版社,2002年。
32. 吴骞著《拜经楼诗集》,上海古籍出版社,2002年。
33. 姚名达著《中国目录学史》,上海古籍出版社,2002年。
34. 政协嘉善县文史委员会编《文史大家张天方》,浙江摄影出版社,2005年。
35. 张树年著《我的父亲张元济》,百花文艺出版社,2006年。
36. 洪永铿、贾文胜、赖燕波著《海宁查氏家族文化研究》,浙江大学出版社,2006年。
37. 顾志兴著《浙江藏书史》,杭州出版社,2006年。
38. 胡震亨辑著《海盐县图经》,浙江古籍出版社,2009年。
39. 肖东发主编,刘大军、喻爽爽编著《中国私家藏书》,贵州人民出版社,2009年。
40. 苏精著《近代藏书三十家》(增订本),中华书局,2009年。
41. 陈心蓉著《嘉兴藏书史》,国家图书馆出版社,2010年。
42. 朱岩著《海盐嬴政二十五年》,北京大学出版社,2010年。
43. 王健飞编著《海盐人物春秋》,中国文史出版社,2011年。
44. 朱元春、朱元智、朱元曙编《朱希祖、朱偰父子与故乡海盐》,西泠印社出版社,2013年。
45. 王英著《张元济与海盐》,中国文史出版社,2016年。
46. 宋兵《张氏涉园故址探寻》,《张元济研究》127期(内刊)。

跋

辛卯中伏，探访故里，嘉郡平湖。道出海宁，于马君徐浩处，相识海盐管凌君（原名琳，后改凌），得其惠赠《管琳篆刻作品选》，选辑印作九十又二方。捧览全辑，弥深喜欢。其印追风，宗秦崇汉。具秦玺之简约纯净，有汉印之雄浑典重；秦风汉韵，俾相辉映。

印章，乃镌刻文字，兴言寄托。吾郡嘉禾，风光灵秀，人文渊薮，藏书之风，蔚然独秀。遂言于二君以嘉兴地区历代藏书楼名为题材，借印谱作载体，以彰显、颂美吾郡历代藏书之迹。

管凌君历一纪辛劳，寒暑无倦；几案刀横，默默耕耘；刻竣嘉郡六邑藏书楼名印计一百六十五方。所刻朱白见俏，百花绽放。今《嘉兴历代藏书楼》旋将付梓刊行，当为印坛百花齐放增添一帜矣。

癸卯清明，欣奉管凌君传来《嘉兴历代藏书楼》图文资料，嘱序于余。余不敏，岂敢为之序。盖余乃嘉郡平湖迁闽之裔，笃深乡谊，奚可以辞？爰弁数言，作跋以付，用彰美焉。

传朴堂后人葛贤镛
癸卯清明后五日，于榕垣望庵书屋

后　记

《嘉兴历代藏书楼》从谋划启动到完成历时三年多。其实更早之前，管凌先生已刻多方藏书楼印。得知管凌先生正在刻关于嘉兴历代藏书楼楼名的印，王英女史觉得如果加上有关藏书楼的史料，内容会更充实，阅读面也会更广泛。在嘉兴市政协的重视和支持下，嘉兴市文史研究馆与两位同乡文史馆员商定，以篆刻艺术与文史史料相结合的方式，来呈现嘉兴历代的藏书名楼。篆刻部分由管凌先生负责，文字部分由王英女史负责。

嘉兴历史文化底蕴深厚，藏书家数量众多。本书选取了历史上有名字的一百多座藏书楼加以介绍。这一百多座藏书楼，放在时间长轴上，作为嘉兴文化座标，是当之无愧的。虽然这些藏书楼饱经沧桑，很多毁于战乱，但消失的是藏书楼，那一脉人文精神则光辉依然。今天重读这些藏书楼的名字及其背后的故事，也让我们再次遥望那群藏书人的赤子之怀，以及他们所体现的文化传承的力量。

考虑到现代读者的审美需求，本书以图文并茂形式呈现相关内容，使读者能更具象地感受藏书楼的历史变迁与沧桑。在征集史料与图片的过程中，得到不少嘉兴市文史研究馆馆员和摄影家的支持，他们有的提供图片，有的帮忙联系图书馆，有的帮忙从档案馆翻拍资料，有的协助查阅史料。在此，衷心感谢：朱元春、张人凤、钱霆、徐卫卫、虞坤林、查玉强、王士杰、徐志平、杨越岷、马玉良、张东良、周向阳、郭杰光、王学海、宋兵、高雪等同志的鼎立支持。同时，还要感谢嘉兴市图书馆、张元济图书馆、平湖市图书馆、张宗祥纪念馆提供的支持与帮助。也诚挚地感谢西泠印社理事、金石学家李早教授，传朴堂后人葛贤鏽先生为本书作序、跋。

本书出版前，楼名篆刻展已于2023年下半年在嘉兴市文史研究馆举办，随后在部分县(市)巡展，让我们初步领略了嘉兴历代藏书楼的气度底蕴。

最后，需要说明的是，书中有数张照片来自网上，与照片作者多方联系没有成功，谨向他们表示歉意，请作者看到后，与嘉兴市文史研究馆联系，我们将按有关规定支付稿酬。

编　者
2023年8月

图书在版编目（CIP）数据

嘉兴历代藏书楼 / 嘉兴市文史研究馆编；王英撰文；管凌篆刻． -- 杭州：西泠印社出版社，2023.10
 ISBN 978-7-5508-4313-4

Ⅰ．①嘉… Ⅱ．①嘉… ②王… ③管… Ⅲ．①藏书楼—介绍—嘉兴 Ⅳ．①G259.29

中国国家版本馆CIP数据核字（2023）第192354号

嘉兴历代藏书楼

嘉兴市文史研究馆编　王英撰文　管凌篆刻

责任编辑	伍　佳
责任出版	冯斌强
责任校对	曹　卓
装帧设计	书道闻香
出版发行	西泠印社出版社
	（杭州市西湖文化广场32号5楼　邮政编码　310014）
电　　话	0571-87243079
经　　销	全国新华书店
制　　版	杭州书道闻香图书有限公司
印　　刷	浙江海虹彩色印务有限公司
开　　本	787mm×1092mm　1/16
印　　张	14.5
字　　数	245千字
印　　数	0001—2000
书　　号	ISBN 978-7-5508-4313-4
版　　次	2023年12月第1版　第1次印刷
定　　价	87.00元